La Biblia

narrada a los niños

*Dedicada a los pequeños Tommaso y
Filippo y a todos los niños*

LA BIBLIA
narrada a los niños

Título original: **La Bibbia narrata ai bambini**
Adaptación de textos: Serena Dei
Ilustraciones: Chiara Raineri
Consulta teológica y descripción de las ilustraciones: D. Martino Signoretto
Traducción y adaptación: Marià Pitarque (La Letra, S.L.)
Compaginación: La Letra, S.L.

Redazione Gribaudo
Via Garofoli, 262
37057 San Giovanni Lupatoto (VR)
redazione@gribaudo.it

Responsable editorial: Franco Busti
Responsable de redacción: Laura Rapelli
Responsable gráfico y proyecto: Meri Salvadori
Fotolito y preimpresión: Federico Cavallon, Fabio Compri
Secretaría de redacción: Daniela Albertini

Impresión y confección: Grafiche Busti srl, Colognola ai Colli (VR),
empresa certificada FSC®-COC con código CQ-COC-000104

Primera edición: marzo de 2018
ISBN: 978-84-17127-14-5

La Biblia
narrada a los niños

Ilustraciones de Chiara Raineri

GRIBAUDO

ÍNDICE

Antiguo Testamento

La creación

Antes de que el mundo existiera,
solo había oscuridad.
Dios, que es el creador de todas
las cosas, dijo entonces:
«¡Hágase la luz!».
Y la luz se hizo.

Dios también creó el cielo: el sol
lo iluminaba todo durante el día, y
por la noche salían las estrellas y la luna.
La alternancia de luz y oscuridad
estableció el paso de los días y,
en consecuencia, de las semanas,
de los meses y los años.

Después, Dios creó el mar azul,
con todos los peces, grandes y
pequeños, y conchas
de mil colores.

También hizo la tierra con
las llanuras y las montañas, donde
discurrían los ríos y donde
crecía la hierba, las flores perfumadas
y los árboles con frutas deliciosas.

Dios decidió poner sobre la tierra a
todos los animales: perros, gatos, leones,
cebras, caballos, ardillas, pájaros, ranas y
serpientes. También creó todos
los insectos: hormigas, mariposas,
saltamontes y abejas.
Dios contempló a todas sus criaturas
y se puso muy contento.

El Señor entonces creó al hombre y lo llamó Adán: lo modeló con el polvo de la tierra y sopló en su nariz para darle vida. Lo hizo a su imagen y semejanza: el hombre podía cultivar los campos, comer la fruta tomada directamente de los árboles, beber la leche recién ordeñada de las vacas, nadar en el mar y jugar con los delfines. Pero el Señor se dio cuenta de que el hombre, solo, no era feliz. Así que decidió darle una compañera. La llamó Eva.

Dios había creado la vida en seis días y, el séptimo, descansó.

Adán y Eva

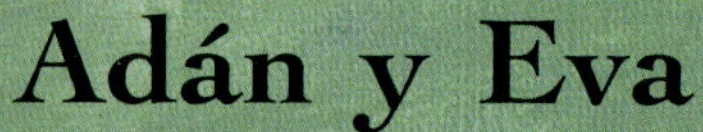

Dios llevó a Adán y Eva al jardín
del Edén, donde crecían muchas
plantas y los animales vivían
en armonía. Los dos, que no se avergonzaban de
ir desnudos, tenían que cuidar ese lugar y podían
alimentarse de la fruta de los árboles. De todos, excepto
de uno: el árbol del conocimiento del bien y del mal.
Dios, en efecto, les había dicho: «Si os coméis aunque
solo sea uno de sus frutos, ¡moriréis!».

Un día, una serpiente se acercó a Eva y le preguntó:
«¿Es cierto que Dios os ha prohibido comer la fruta de
los árboles?». Y ella respondió: «No, Dios solo nos ha
prohibido comer la del árbol del conocimiento
del bien y del mal, porque moriríamos».

La serpiente dijo: «No es cierto; es más: si la coméis,
¡seréis igual que Dios!». Eva probó el fruto del árbol
prohibido y luego se lo ofreció a Adán. Los dos comieron
y entonces se miraron, se avergonzaron de estar
desnudos y buscaron hojas para cubrirse. Cuando Dios
llegó, se dio cuenta de que habían desobedecido:
«Como no me habéis escuchado, marchaos. A partir
de ahora os tendréis que procurar la comida, conoceréis
el dolor y, cuando os hagáis viejos, moriréis».

Caín y Abel

Adán y Eva caminaron por la Tierra, pero sus vidas ya no eran como antes: ahora conocían el bien y el mal, para procurarse la comida tenían que luchar contra bestias feroces y necesitaban vestirse con pieles de animales para protegerse del frío. Eva trajo dos niños al mundo: al primero lo llamó Caín, y al segundo, Abel. Caín trabajaba la tierra, mientras que Abel cuidaba de las ovejas. Un día, Abel y Caín hicieron un regalo al Señor: Abel sacrificó los corderos más selectos de su rebaño, mientras que Caín ofreció los frutos de su cosecha.

El Señor solo apreció el gesto de Abel, porque había entendido la bondad de su espíritu. Caín, sintiéndose menospreciado por Dios, se fue en silencio con odio en el corazón.

Unos días más tarde, Caín decidió vengarse e invitó a Abel a ir al bosque:
cuando estuvieron solos y lejos de sus padres, Caín mató a su hermano
y escapó. Pero en seguida se le apareció Dios, y le preguntó:
«¿Dónde está tu hermano?». Caín respondió con insolencia: «¡No lo sé!
¡No soy su guardián!». Pero Dios, que lo sabe todo, lo echó:
«Vete, ¡te condeno a vagar lejos de tu familia!».

El arca de Noé

La Tierra se pobló con los hijos de los hijos de Adán y Eva.
Cuantos más años pasaban, más se multiplicaban los hombres.
Tras el asesinato cometido por Caín, las nuevas generaciones
vivían con odio, y la Tierra se fue transformando en un lugar
de violencia y pecado. Dios, desde lo alto, asistía con dolor
a todo aquel mal. Un día, arrepentido de haber creado a los
hombres, decidió castigarlos con un diluvio. Salvaría solamente
a un hombre y su familia. El elegido era una buena persona,
llamada Noé, y tenía tres hijos: Cam, Sem y Jafet. Dios llamó
a Noé y le dijo: «Quiero castigar a los hombres con un
diluvio que acabará con todo. Pero tú, junto con tu familia,
podrás salvarte si construyes una gran arca. Además,
deberás subir a bordo parejas de todos los animales:
un macho y una hembra de cada especie».

Noé obedeció, y construyó una nave de madera muy hermosa y robusta.
Reunió también provisiones y todo lo que le haría falta para el viaje.
Luego hizo embarcar a su familia y a los animales y, justo cuando
la última pareja subió a bordo, empezó a llover. El diluvio duró
cuarenta días; llovió incesantemente, hasta que los mares se desbordaron
y sumergieron incluso las montañas más altas.

El agua cubrió toda la Tierra durante ciento cincuenta días.
Mientras tanto, Noé, su familia y los animales permanecieron
seguros dentro del arca.

Al final, Dios se acordó de Noé y ordenó al viento que soplara
para que las aguas bajaran, y estas descendieron hasta que
emergieron las cumbres de las montañas. El arca, arrastrada
por las aguas, se posó en la cima del monte Ararat.

Después de muchos días, Noé abrió una ventana del arca
e hizo salir una paloma. Esta regresó por la noche con
una ramita de olivo en el pico, lo que significaba que
los árboles también habían emergido.

Todos salieron del arca: ahora una nueva vida podía
comenzar sobre la Tierra.

Un gran arcoíris apareció en el cielo y Dios dijo a Noé:
«Este es el símbolo de mi alianza con los hombres.
La Tierra no será devastada nunca más por el diluvio».

La torre de Babel

Pasaron los años y la familia de Noé se multiplicó enormemente, hasta el punto de ser muy, pero que muy numerosa. Sus descendientes se fueron a vivir a lugares muy lejanos, pero podían trabajar juntos y comunicarse fácilmente, porque todos hablaban la misma lengua. Los hombres aprendieron a fabricar ladrillos con fuego y a construir casas.

Un día decidieron erigir una ciudad llamada Babel, con una
enorme torre, ¡tan alta que incluso podía tocar el cielo!
Dios, que contemplaba la construcción desde las alturas,
en seguida se dio cuenta de que aquella torre no quería
representar el amor del hombre por él, sino su soberbia.
Entonces, el Señor decidió castigar a los seres humanos:
confundió sus idiomas para que ya no pudieran entenderse
y los dispersó por toda la Tierra.

Abraham y Sara

Abraham, un descendiente
de Noé, vivía en la ciudad de Ur.
Era un buen hombre que se había casado
con Sara, una mujer amable, pero que no podía concebir
hijos. Un día, el Señor se le apareció a Abraham y le dijo:
«Marcha junto a tu esposa y algunos amigos, y crea una gran
nación bendecida».

Abraham y Sara hicieron lo que Dios había dicho, aunque eran ancianos.
Llegados a su destino, el Señor se presentó de nuevo ante Abraham
para anunciarle un gran evento: «Tu esposa te dará un hijo y él será
el patriarca de muchos reyes». Abraham llamó Isaac al niño.

Cuando el pequeño Isaac, amado por sus padres, comenzó a crecer,
Dios decidió poner a prueba la fe de Abraham.

Una noche, el Señor dijo a Abraham: «Ve con tu hijo Isaac
a la montaña y luego haz un sacrificio para mí: ¡mátalo!».
El pobre Abraham, con gran pesar, se fue con su hijo a
la montaña. Cuando llegaron a la cima, ordenó a su hijo que
amontonara leña, porque tenían que hacer un sacrificio.
Cuando Isaac terminó, su padre hizo que se tumbara sobre
la leña. Isaac, con gran estupor, obedeció. Justo cuando Abraham
alzaba la mano, empuñando un cuchillo, Dios se le apareció
y le dijo: «Querido Abraham, me has demostrado que me amas
tanto como para matar a tu hijo. ¡Vuelve a casa, porque tú e
Isaac habéis sido bendecidos!».

Isaac y Rebeca

Abraham ya era muy anciano. Antes de morir, sin embargo, decidió
encontrar una esposa para su amado hijo Isaac, que se había convertido
en un apuesto joven. Envió a un criado a la ciudad donde vivía su
hermano Najor, para que buscase una buena mujer para Isaac.
Al llegar a un pozo, el sirviente, que había partido con diez camellos,
se detuvo a orar al Señor para que le ayudara a encontrar
la esposa adecuada para Isaac.

Entonces se dio cuenta de que había una hermosa
muchacha cerca y pensó: «Le preguntaré si me
puede dar agua y si ella me responde que sí y no
solo me da agua a mí sino también a los camellos,
entonces sabré que es la elegida».

El sirviente se acercó y le preguntó: «¿Me puedes
dar un poco de agua?». La chica le respondió:
«¡Claro! Te serviré toda la que quieras y luego
saciaré la sed de tus camellos».

El sirviente, contento por la respuesta, le preguntó:
«¿Quién eres?». Y ella dijo: «Soy Rebeca, nieta
de Najor». Entonces el sirviente, acompañado por
Rebeca, fue a casa del padre de la chica para
pedir su mano en nombre de Isaac.

Cuando el padre de Rebeca dio su consentimiento,
la chica y el sirviente regresaron a casa de Abraham.
Isaac, que estaba hablando con su padre, se fijó
inmediatamente en la hermosa joven, se enamoró
de ella y se casaron.

José

Jacob, hijo de Isaac, se casó con una muchacha, Raquel, que dio a luz
a doce hijos. Justo cuando el último, José, vino al mundo, Raquel murió.
Para que no echara de menos el amor de su madre, Jacob se encariñó
con José más que con sus otros hijos, y cuando se convirtió en todo
un mozo, le regaló una espléndida túnica de colores. Los demás hermanos,
que no habían recibido ningún regalo, estaban celosos del pequeño.

Un día, José explicó un sueño: el sol, la luna y once estrellas se inclinaban
frente a él. El padre preguntó si eso significaba que él, su madre y sus
hermanos debían inclinarse frente a él.

La envidia de los hermanos pronto se convirtió en odio: estaban
convencidos de que José se sentía superior, por lo que decidieron matarlo.
Un día que estaba cerca de un pozo, vestido con la hermosa túnica que
llevaba siempre, aparecieron sus hermanos y le quitaron la vestimenta.
Uno de ellos propuso: «Tirémoslo al pozo para dejarlo morir de hambre
y de sed».

Entonces pasaron por allí unos mercaderes y otro hermano propuso:
«Tengo una idea mejor: vendámoslo a esos comerciantes».
Y así lo hicieron. Luego fueron a ver a Jacob, con la túnica
en la mano, y le hicieron creer que unas bestias feroces habían
matado a su hijo.

Los mercaderes llevaron a José a Egipto y lo vendieron como esclavo
al jefe de los guardias del Faraón. La esposa de su amo se enamoró
de él, pero él la rechazó; ella, enojada, hizo que lo encarcelaran.

En la cárcel, José pasaba el tiempo interpretando los sueños
de los prisioneros, algo que se le daba muy bien. Una noche, el Faraón
tuvo un sueño extraño: en la orilla del río Nilo pastaban siete hermosas
vacas, cuando de repente siete vacas flacas llegaron y devoraron a
las gordas.

El Faraón, asustado, buscó a alguien que fuera capaz de interpretar
su sueño, pero nadie supo hacerlo. Cuando le dijeron que en la cárcel
había un muchacho que podía ayudarle, hizo que lo llevaran a su
presencia.

José, tras haber escuchado la historia del Faraón, dijo: «El sueño significa que Egipto vivirá prósperamente durante siete años, pero luego vendrán siete años de carestía. Como ahora hay trigo en abundancia, estaría bien guardar algo para los momentos más difíciles». El Faraón, impresionado por esas palabras, lo liberó y lo nombró gobernador.

Y llegó la carestía, pero en Egipto nadie pasó hambre gracias a las provisiones. La miseria también afectó al país donde vivían el padre y los hermanos de José. Jacob, entonces, ordenó a sus hijos: «Id a Egipto a comprar trigo». Los hermanos partieron, excepto uno, Benjamín, que se quedó a hacer compañía a Jacob.

En Egipto, los hermanos fueron a ver al gobernador para comprar trigo. José los reconoció inmediatamente, pero sus hermanos no notaron nada. Todavía enfadado por lo que le habían hecho, después de haber pasado tres años en la cárcel por su culpa, les dijo: «Volved a vuestra casa, tomad a Benjamín y regresad todos aquí; entonces os daré el trigo». Los hermanos, todavía desconocedores de la identidad de José, hicieron lo que se les pedía.

Cuando regresaron con Benjamín, José les entregó los sacos de trigo, pero hizo que escondieran una copa de plata en el de Benjamín, para inculparlo como ladrón. Cuando los guardias descubrieron la copa, José dijo a sus hermanos: «Benjamín ha robado y, como castigo, permanecerá en prisión, aquí en Egipto». Los hermanos, afligidos, le suplicaron: «Toma a uno de nosotros. Nuestro padre es muy viejo y ya ha perdido al hijo más joven: si Benjamín no regresa, ¡morirá!».

Al verlos realmente apenados, José se dio cuenta de que sus hermanos habían cambiado, por lo que decidió revelarles su identidad:
«No me habéis reconocido, pero soy vuestro hermano, José.
Os perdono. Volved junto a nuestro padre y traedlo aquí, a Egipto,
para que todos podamos vivir juntos y felices».
Los demás, conmovidos y arrepentidos, lo abrazaron.

Moisés

En Egipto, José vivió en paz y armonía con su familia. Pasaron los años
y sus descendientes, llamados el pueblo de Israel, se volvieron muy
numerosos y poderosos.

Pero el nuevo Faraón empezó a temer que los hebreos se adueñaran
de su país, así que promulgó leyes para convertirlos en esclavos.
Sin embargo, el pueblo de Israel continuaba creciendo cada vez más.

Entonces, el Faraón ordenó que matasen a los varones recién nacidos. Un día, una mujer hebrea dio a luz a un niño sano y fuerte, y temiendo que los guardias del Faraón lo mataran, lo escondió durante tres meses.

Pero el pequeño lloraba y su madre, con gran pesar, temiendo que el llanto lo delatara, lo puso en una cesta de paja, recubierta de betún para impermeabilizarla, y la depositó en el río Nilo, con la esperanza de que alguien encontrase a su hijo y lo salvara.

Pero la mujer no vio que Miriam, la hermana del niño, se había escondido entre unos juncos para descubrir adónde iba la cesta. No muy lejos de allí, la hija del Faraón se estaba bañando en el río con sus siervas, y se dio cuenta de que había un bebé llorando dentro de la cesta. Conmovida, dijo: «Seguramente es un niño hebreo, y se quedará conmigo para que los guardias no puedan matarlo».

Entonces Miriam decidió salir de su escondite para hablar con la princesa:
«Noble princesa, si usted quiere, yo podría encontrar una nodriza que
amamante al bebé». La princesa respondió: «Claro, tráemela».
Miriam corrió hacia su madre y le contó lo que había pasado.

La madre corrió inmediatamente hacia la princesa, que le dijo: «Cría a este niño por mí y yo te pagaré». La madre, llena de alegría, volvió a casa con el pequeño. Cuando este creció, fue llevado ante la princesa, que lo tomó en sus brazos y dijo: «Yo te he salvado de las aguas y te llamaré Moisés».

Las plagas de Egipto

Moisés pasó una infancia feliz en la corte del Faraón, pero nunca olvidó a su familia de origen. Cuando decidió encontrarse con sus hermanos, se quedó muy impresionado al ver cómo eran tratados los hebreos.

Un día asistió a un episodio muy lamentable: un egipcio estaba golpeando a un esclavo hebreo. Decidió intervenir y mató al egipcio. Asustado y sabiendo que, apenas se enterase el Faraón, lo condenaría a muerte, huyó al desierto. Se quedó allí largo tiempo y buscó trabajo como pastor.

Un día, mientras pastoreaba las ovejas, vio que había
fuego en un zarzal, pero no se quemaba. Era la señal
de Dios, quien le ordenó: «Vuelve a Egipto y libera a
los hebreos. Yo te protegeré. Llévate al pueblo contigo y
condúcelo a una nueva tierra, donde viviréis libres».

Moisés, con su hermano Aarón, se presentó ante el Faraón
y le dijo: «Libera a los hebreos, es Dios quien lo manda».
El Faraón respondió: «No. Volved a trabajar. No conozco a
Dios». Tras lo cual, el Faraón no solo no liberó a los hebreos,
sino que los obligó a trabajar aún más.

Entonces, Moisés, exhortado por Dios, dijo al Faraón:
«Por favor, libera al pueblo hebreo; de lo contrario, caerán
sobre Egipto terribles desgracias». Una vez más, el Faraón
se negó a aceptar su petición.

Tal como Moisés había predicho, comenzaron a ocurrir hechos
tremendos. Primero, el agua del Nilo se convirtió en sangre:
los peces murieron y nadie podía ya beber. Luego, todas las
ranas salieron del río e invadieron Egipto: estaban en las
casas, en las escuelas, en todas partes. No obstante, el Faraón
no quiso ceder a la petición de Moisés.

Y ocurrió entonces que el polvo de Egipto se convirtió en una gran nube de mosquitos que agobiaba tanto a personas como a animales. El Faraón, sin embargo, se obstinaba en su rechazo. Luego llegó el turno de los moscardones, que invadieron el palacio del Faraón, y de la peste, que mató a todos los animales del país. Una vez más, el Faraón se negó a liberar a los hebreos.

Los egipcios fueron golpeados por plagas terribles y cayó una granizada tan violenta que mató a todos los que iban por la calle. Pero el Faraón se mantuvo firme en su posición.

Después aparecieron las langostas, que se comieron lo que quedaba y, después de estas, grandes nubes ocultaron el sol durante tres días. Egipto estaba destruido, pero ni siquiera ante esto el Faraón liberó a los hebreos.

Sin embargo, aún no habían sufrido el azote de la plaga
más violenta. Dios advirtió a Moisés: «Di a cada familia
hebrea que esta noche sacrifiquen un cordero y que
con su sangre manchen la puerta de sus casas.
Luego, que lo asen y se lo coman con pan
ácimo y hierbas. El pueblo hebreo deberá
siempre recordar esta noche y la llamará
Pésaj».* La noche llegó y el primogénito
de cada familia egipcia murió, mientras
que los hijos de las familias hebreas se
salvaron.

* Pascua hebrea o Pascua judía.

La liberación de los israelitas y el paso del mar Rojo

El Faraón, después de la última plaga que afectó a Egipto, concedió
a Moisés la liberación de los hebreos.
El pueblo marchó de Egipto: Moisés sabía adónde ir, porque Dios
le había enviado una nube que le mostraba el camino durante el día
y un fuego que le iluminaba durante la noche.

No pasó mucho tiempo antes de que un ejército comenzara a perseguir a
los hebreos: eran los soldados del Faraón, que quería vengarse. Los hebreos
se encontraban atrapados y sin salida: detrás de ellos llegaba rápidamente
el ejército y enfrente tenían las inmensas aguas del mar Rojo. Moisés,
desesperado, invocó a Dios. Y el Señor lo tranquilizó: «No te preocupes:
di a la gente que camine y tú levanta tu bastón hacia el mar».

En un instante, las aguas se separaron y crearon un
paso de arena seca para los hebreos, que empezaron
a correr seguidos de cerca por el ejército egipcio.

Cuando todo el pueblo de Israel hubo pasado, el mar
se volvió a cerrar súbitamente y arrolló a los egipcios:
el pueblo hebreo estaba finalmente a salvo y era libre.

Los diez mandamientos

Después de cruzar el desierto, los hebreos llegaron al monte Sinaí. Dios llamó a Moisés para advertirle: «Os he conducido hasta aquí; ahora habla con el pueblo y avísales de que pronto llegaré».

En la mañana del tercer día, la gente fue sobresaltada por rayos y truenos. El cielo se oscureció de repente y a lo lejos se oyó un fuerte toque de trompeta. Los hebreos entendieron que Dios estaba a punto de aparecer. El Señor llamó a Moisés a la cima de la montaña para darle dos tablas de piedra en las que estaban grabados los Diez Mandamientos, los cuales debían ser obedecidos por el pueblo.

1. Yo soy el Señor, tu Dios. No tendrás otros dioses más que yo.

2. No tomarás el nombre de Dios en vano.

3. Santificarás las fiestas.

4. Honrarás a tu padre y a tu madre.

5. No matarás.

6. No cometerás actos impuros.

7. No robarás.

8. No mentirás.

9. No codiciarás las cosas ajenas.

10. No desearás a la mujer de tu prójimo.

Las murallas de Jericó

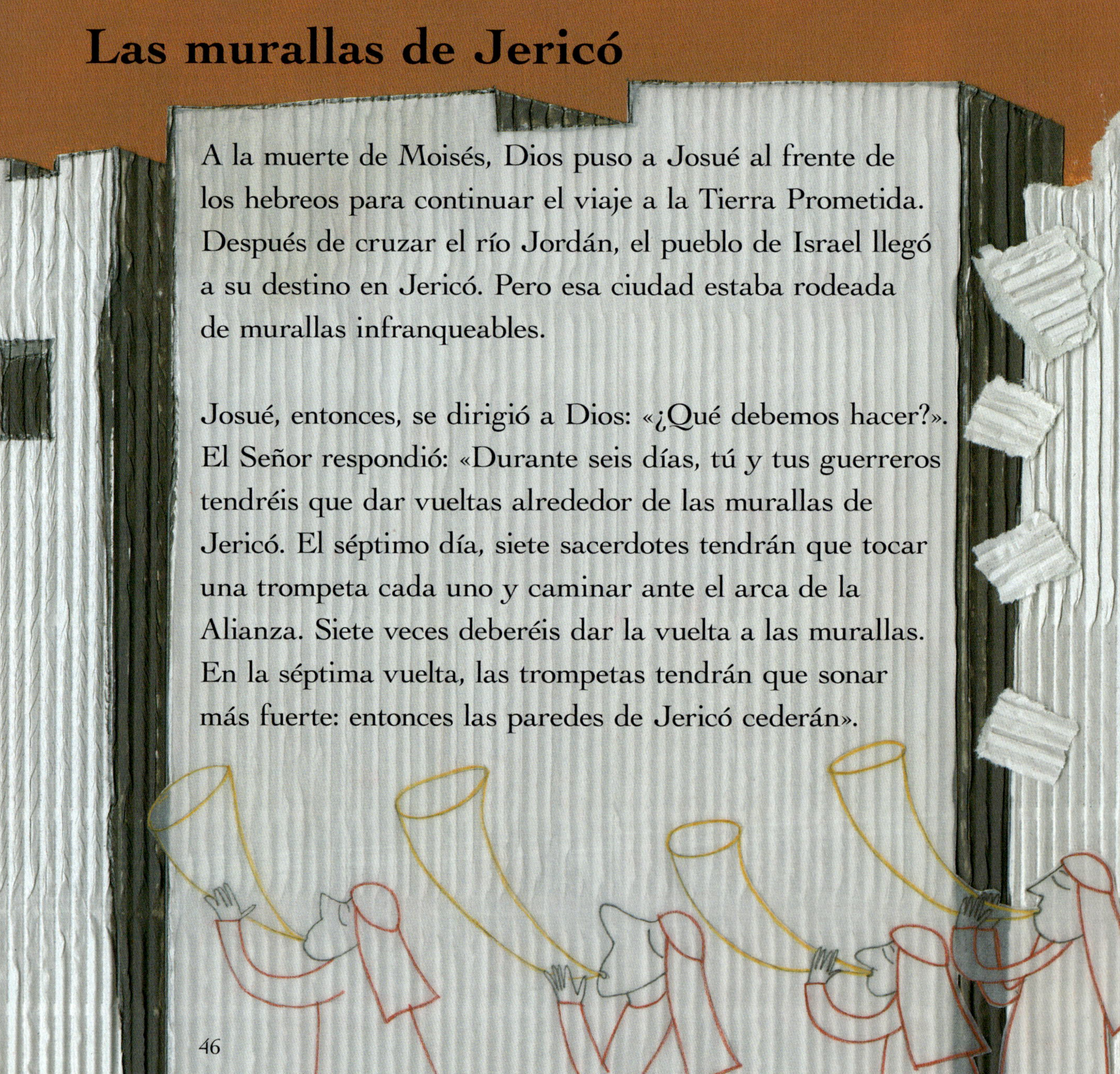

A la muerte de Moisés, Dios puso a Josué al frente de los hebreos para continuar el viaje a la Tierra Prometida. Después de cruzar el río Jordán, el pueblo de Israel llegó a su destino en Jericó. Pero esa ciudad estaba rodeada de murallas infranqueables.

Josué, entonces, se dirigió a Dios: «¿Qué debemos hacer?». El Señor respondió: «Durante seis días, tú y tus guerreros tendréis que dar vueltas alrededor de las murallas de Jericó. El séptimo día, siete sacerdotes tendrán que tocar una trompeta cada uno y caminar ante el arca de la Alianza. Siete veces deberéis dar la vuelta a las murallas. En la séptima vuelta, las trompetas tendrán que sonar más fuerte: entonces las paredes de Jericó cederán».

Josué convocó al pueblo y todos comenzaron a hacer lo que Dios había dicho.

En la séptima vuelta, las trompetas comenzaron a sonar más fuerte y Josué dijo: «Pueblo de Israel, ¡gritad con todas vuestras fuerzas!». Las murallas empezaron a desmoronarse y los hebreos tomaron Jericó. Josué dijo: «¡Dios nos ha dado poder sobre esta ciudad!». Los hebreos se establecieron en aquel lugar, la tierra prometida por Dios, y vivieron en armonía durante muchos años.

Sansón y Dalila

Pero pronto los hebreos se olvidaron de llevar una vida de acuerdo con las reglas de Dios y por ello los filisteos, un pueblo enemigo, lograron someterlos. Pero Dios, que es inmensamente bueno, quiso ayudar a su pueblo una vez más.

Un día, un ángel se apareció a una mujer hebrea y le anunció el nacimiento de un niño: «Tendrás un bebé fuerte, llamado Sansón, que liberará a los hebreos de los filisteos; pero recuerda: nunca le cortes el pelo, porque ese es el símbolo del amor de Dios».

El niño se hizo mayor y su cabellera le llegaba hasta la cintura. Cuanto más le crecía, más fuerte era Sansón. Tenía tanta fuerza que podía matar un león tan solo con sus manos. Entonces comenzó a luchar contra los filisteos y a derrotarlos.

Un día, Sansón se encontró con una hermosa muchacha filistea, Dalila; se enamoraron y se casaron. Cuando los líderes filisteos se enteraron, y sin que Sansón sospechara nada, le pidieron a la chica que descubriera dónde residía la fortaleza de su esposo a cambio de grandes riquezas.

No pasaba ni un día en que Dalila no preguntara a Sansón cuál era su secreto: «Si me amases, me lo revelarías». Entonces, Sansón, confiando en su amada, le reveló el secreto: «Mi fuerza es mi cabello. Es tan largo porque Dios así lo quiere». La noche llegó y Dalila llamó a escondidas a un hombre para que cortase el pelo a Sansón, que estaba durmiendo profundamente. Y así, Sansón perdió su fuerza.

Los soldados filisteos llegaron a casa de Sansón, lo capturaron
y lo encarcelaron sin ningún esfuerzo. En prisión, el tiempo pasó y
la cabellera de Sansón creció de nuevo y, con ella, su fuerza.

Durante una fiesta, los filisteos, que desconocían la recuperación
de Sansón, lo ataron a dos pesadas columnas para burlarse de él.
Mientras se reían y se mofaban, Sansón, habiendo recuperado su
fuerza al completo, comenzó a empujar las columnas con sus manos
y gritó: «¡Muera Sansón y, con él, todos los filisteos!».

Y así fue: las columnas cedieron y derribaron los muros que se
apoyaban en ellas. Todos murieron aplastados bajo los escombros.
Pero Sansón no había muerto en vano, pues había devuelto la paz
al pueblo de Israel.

51

Rut y Boaz

Rut era una mujer moabita, perteneciente a un pueblo enemigo de los hebreos, pero su alma bondadosa era todo un ejemplo de amor. Esta es su historia.

Rut estaba casada con un hebreo y vivía con la familia de su marido en la tierra de Moab. El tiempo pasaba en armonía, pero pronto su esposo, su suegro y su cuñado, casado con la joven Orpá, murieron.

Rut y su cuñada se quedaron solas, junto con su suegra Noemí, quien, ya anciana, decidió regresar a Belén, su tierra natal.
Noemí llamó a Rut y a Orpá para comunicarles su decisión: «Queridas mías, ya soy vieja y quiero regresar a mi país. Allí todavía tengo algún pariente que me ayudará. Vosotras sois jóvenes, no os preocupéis por mí y regresad con vuestras familias».

Orpá, llorando, hizo lo que le había dicho la suegra. Rut, en cambio, tomando las manos de Noemí, respondió: «No quiero abandonarte; a donde tú vayas, yo también iré. Tu pueblo será mi pueblo».

Rut y Noemí llegaron juntas a Belén justo cuando empezaba a cosecharse la cebada. Rut pidió permiso a su suegra para ir a trabajar en los campos, muchos de los cuales eran propiedad de Boaz, un pariente rico y poderoso del marido de Noemí.

Un día, Boaz vio a Rut trabajando en los campos y quedó fascinado por su gracia y belleza. Preguntó a los otros trabajadores: «¿Quién es esa mujer?». Y respondieron: «Es Rut, la nuera de Noemí». Boaz se acercó y le dijo: «Querida muchacha, trabaja los campos y, si tienes sed, bebe tranquilamente de mi fuente». Rut, asombrada por tanta amabilidad, respondió: «¿Por qué, señor, es tan bueno conmigo?». Y Boaz le dijo: «Porque cuidas de Noemí y no la has abandonado».

Pasaron los días y Boaz se dio cuenta de que se había enamorado de Rut. Como pariente de Noemí, Boaz tenía derecho a tomar por esposa a la joven, pero él no era el único que podía pedir su mano. De hecho, había otro candidato que, teniendo un parentesco más cercano, tenía más derecho a hacerlo. Así, Boaz decidió hablar con ese pariente para saber de sus intenciones: «¿Quieres casarte con Rut?». Y él respondió: «No quiero casarme con Rut, ya tengo a mi familia; te cedo el derecho». Y entonces Rut y Boaz se casaron y vivieron felices y contentos.

David y Goliat

David descendía de la familia de Rut y Boaz y era un chico fuerte. Todos los días pastaba las ovejas y pasaba el tiempo tocando la cítara. Era amable y tenía también mucho valor: con su honda, golpeaba a los lobos y osos que se acercaban.

Tres de sus hermanos, mayores que él, fueron llamados por Saúl, rey de Israel, para luchar contra los filisteos. Su padre le pidió que fuera a llevar comida a sus hermanos, que habían acampado cerca.

Cuando David llegó al campamento, los filisteos se disponían a atacar. Entre ellos había uno que infundía miedo a todos: se llamaba Goliat y era un gigante. Él solo, avanzando, desafiaba al ejército hebreo.

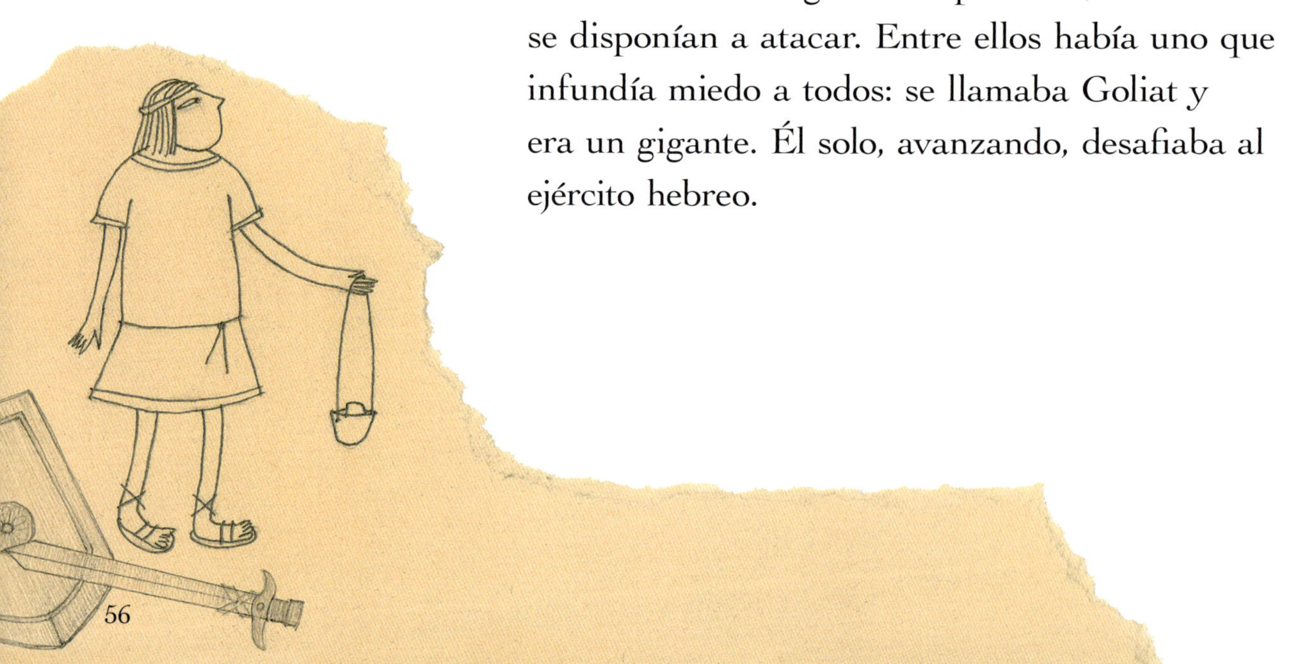

Un soldado hebreo proclamó: «Ese hombre viene a
desafiar a Israel. A quien lo detenga, el rey Saúl le
dará riquezas y le concederá la mano de su hija».
David dijo: «¡Yo lo haré!». El rey Saúl respondió:
«¡Pero eres solo un chico!». Y David repuso: «¡No
tengo miedo, ¡Dios me protegerá!».

Saúl accedió: «Ve y lucha, te daré mi escudo y
mi espada». Sin embargo, estos eran demasiado
pesados para David, así que tomó su honda, cogió
cinco guijarros de un torrente cercano y se dirigió
hacia el filisteo. Cuando Goliat lo vio, se ofendió:
«Estás loco si prentendes luchar con esa correa de
cáñamo. Ten por seguro que te mataré». David
contestó: «Ven aquí con tu espada y tu lanza,
¡pero yo lucho en nombre de Dios!». Y le lanzó
un guijarro.

El gigante perdió el conocimiento y cayó: David
saltó sobre él y lo mató con su propia espada.
Los filisteos escaparon; los hebreos habían
ganado.

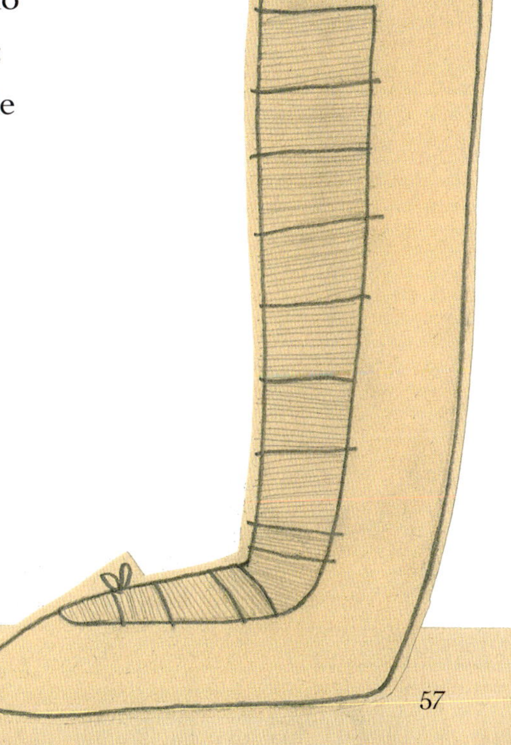

El juicio de Salomón

Cuando Salomón ascendió al trono de Israel, el reino se volvió próspero y poderoso. Además, el pueblo lo amaba por su gran sabiduría y justicia.

Un día, dos mujeres se presentaron ante el rey. Una de ellas le explicó: «Ambas vivimos en la misma casa y ambas dimos a luz hace pocos días. El hijo de esta mujer murió y ella vino a mi habitación, cogió a mi bebé de la cuna y en su lugar puso a su hijo sin vida».

Y la otra mujer respondió: «No es cierto: mi hijo es el que está vivo y el tuyo es el muerto».

El rey, entonces, ordenó a un soldado: «Toma una espada, corta
en dos al niño vivo y da una mitad a cada mujer».

Antes de que el soldado levantara la espada, la verdadera madre
del niño vivo, con lágrimas en los ojos, se apresuró a decir: «Oh,
mi rey, por favor no mates al niño». Y, señalando a la otra mujer,
continuó: «¡Mejor dáselo a ella!».

Entonces, el rey, que había comprendido, dijo: «Da el niño
a esta mujer: ella es su madre. Sin duda, solo la
verdadera madre no permitiría que
asesinaran al pequeño».

Salomón y la reina de Saba

La poderosa reina de Saba, conocedora de la gran fama de Salomón, fue a verle para ponerlo a prueba con enigmas. Llegó a Jerusalén, donde vivía Salomón, con muchos camellos cargados de oro y piedras preciosas. Se presentó ante el rey y le propuso sus enigmas; él respondió a todos.

La reina de Saba estaba muy impresionada no solo por la sabiduría de Salomón, sino también por ese reino próspero y rico: «Había oído hablar de tu gran sabiduría, pero no me lo creía. Por eso he venido, a comprobarlo con mis propios ojos, pero lo que se dice por ahí ni siquiera se corresponde con la mitad de tu grandeza.

«Bendito sea tu pueblo, que puede escuchar tus palabras.
Y bendito sea tu Señor, a quien has complacido y te ha
hecho rey de Israel».

Luego, la reina partió, no sin antes haber regalado al rey
oro, piedras preciosas y sándalo. Con la madera, Salomón
mandó construir cítaras y arpas para sus cantores,
y fuertes barandillas para el templo que había erigido
en honor a Dios y para su palacio.

Nabucodonosor y los tres jóvenes en el horno

El rey babilónico Nabucodonosor mandó construir una gran estatua de oro. Cuando estuvo terminada, quiso inaugurarla en presencia de las autoridades provinciales de su reino. Todos estaban reunidos frente a la estatua, cuando un representante dijo: «Esta proclamación está dirigida a todos. Cuando oigáis el sonido de instrumentos musicales, todos deberéis inclinaros y adorar la estatua que Nabucodonosor ha erigido. Todo aquel que no lo haga será arrojado a un horno con fuego ardiente». Los hombres, aterrorizados, hicieron lo que se les había dicho: cada vez que oían la música, adoraban la estatua.

Un día se informó al rey de que tres jóvenes hebreos, Ananías, Misael y Azarías, que llevaban una vida independiente en la provincia de Babilonia, no habían obedecido. El rey ordenó que los trajeran ante su presencia y les dijo: «¿Es verdad que no adoráis mi estatua? Si es así, seréis arrojados al horno ardiente». Los jóvenes respondieron: «No tenemos por qué responder. Sin embargo, debe saber que nuestro Dios puede librarnos del fuego».

Nabucodonosor, cada vez más enojado, ordenó que se alimentara el fuego siete veces más de lo habitual. Entonces, dijo a algunos de sus soldados más fuertes que ataran a los tres jóvenes y los arrojaran al horno.

Los soldados hicieron lo que les había dicho el rey, pero perecieron. Los tres jóvenes, en cambio, pasearon entre las llamas sin quemarse y loaron al Señor.

Daniel en el foso de los leones

Cuando Nabucodonosor murió, le sucedió su hijo Baltasar, un hombre muy cruel. Una noche, el rey celebró un fastuoso banquete en su palacio y ordenó que, para beber el vino, se usaran las copas de oro y plata que Nabucodonosor había robado del templo de Jerusalén.

Mientras el rey y sus invitados bebían de las copas, se les apareció una mano que escribió en la pared unas palabras que nadie sabía leer. El rey, aterrorizado, llamó a eruditos y adivinos para que las leyeran, pero no sirvió de nada.

Llamaron entonces a un hebreo, de nombre Daniel,
a quien, por su sabiduría, Nabucodonosor había
puesto al frente de adivinos y magos.
Daniel dijo: «Has desobedecido a Dios.
Las palabras escritas en la pared son:

MENE TEKEL UFARSIN

La primera significa que Dios ha puesto fin a tu reino;
la segunda, que has sido pesado en la balanza divina
y hallado falto de peso y, la tercera, que tu reino ha sido
dividido y dado a los medos y persas». Baltasar, impresionado
por la explicación, ordenó que Daniel se convirtiese en el
tercer señor del reino.

Pero esa misma noche, Baltasar fue asesinado y su reino entregado a Darío, el Medo. Daniel se convirtió en uno de los tres gobernadores del reino y, como el rey lo admiraba por su sabiduría, también pensó en ponerlo al frente de todo el reino.

Los otros gobernadores estaban celosos del poder de Daniel y, conociendo su inmensa fe en Dios, idearon un pretexto para hacerlo caer en desgracia. Pidieron al rey, ajeno al engaño, que promulgara una nueva ley: «Oh, Darío, eres nuestro rey y te somos fieles. Para que nadie te traicione, escribe un decreto que prohíba que nadie rece a ningún dios u hombre que no seas tú. Como castigo, quien te desobedezca será arrojado al foso de los leones».
Y Darío promulgó la ley.

Daniel, al conocer el decreto, se encerró en casa para orar a Dios, pero los gobernadores lo descubrieron y en seguida avisaron al rey. Darío, triste, intentó de todas las maneras salvar a Daniel del castigo, pero la ley era irrevocable: Daniel fue arrojado al foso de los leones.

Darío, con gran tristeza, le dijo: «Querido amigo, espero que tu Dios te pueda salvar». Toda la noche, el rey esperó ansiosamente que llegara la mañana, para saber si Daniel había muerto.

Cuando salió el sol, Darío corrió al foso y descubrió con asombro
que Daniel estaba vivo. El sabio hebreo le dijo:
«Mi rey, un ángel ha cerrado las fauces de los
leones porque Dios me ha considerado inocente,
tal como lo soy para ti».

El rey lo liberó inmediatamente y ordenó que su
lugar fuera ocupado por quienes habían acusado
injustamente a Daniel.

Jonás y el pez

Un día Dios se dirigió a un hombre llamado Jonás y le dijo: «Ve a la ciudad de Nínive y anuncia que la maldad de sus habitantes es tan grande que incluso ha llegado a mí».

Pero Jonás no escuchó al Señor y, para escapar de Él, se ocultó en un barco que iba a Tarsis, lejos de Nínive. Dios, que todo lo ve, desató una tormenta justo cuando el barco acababa de abandonar el puerto.

Los marineros, asustados, comenzaron a rezar para evitar el desastre. El jefe de la tripulación encontró a Jonás durmiendo y le dijo: «En lugar de dormir, ¡reza a tu Dios para que nos libre de la muerte!».

Jonás comprendió entonces que él tenía la culpa de todo, y dijo
a los marineros: «Dios está enfadado conmigo y por eso sufrimos
este temporal. Para aplacarlo, tiradme al mar».

Los marineros, rezando a Dios, arrojaron a Jonás al agua:
al instante, el mar se calmó. Dios, viendo que Jonás se estaba
ahogando, hizo que un gran pez se lo tragara.

Jonás se quedó en el vientre del pez durante tres días y tres
noches, y rezó a Dios: «Angustiado, he llamado al Señor y
Él me ha escuchado: Él me ha salvado de las aguas del mar
cuando pensaba que moriría».

Dios, entonces, ordenó al pez que dejara salir a Jonás y el pez lo liberó y lo dejó a salvo en una playa. Luego, Dios se dirigió al hombre y le dijo: «Esta vez ve a Nínive y haz lo que te dije».

Jonás obedeció y dijo a los habitantes de Nínive: «Si todos vosotros no os arrepentís, Dios destruirá vuestra ciudad». El rey de Nínive, aterrorizado por esas palabras, proclamó un ayuno: «Que todos, incluso los animales, dejen de comer. Hemos sido malvados, pero tal vez Dios, viendo que nos morimos de hambre, se apiadará de nosotros y nos perdonará». Dios, dándose cuenta de que el pueblo se había convertido, los perdonó.

Jonás, molesto con la decisión de Dios, le dijo: «Eres demasiado bueno y eso ya lo sabía porque te has compadecido incluso de mí. Por ello te pido que me quites la vida, porque prefiero morir que vivir». Y Dios le respondió: «¿Crees que tienes razón para enardecer de cólera?».

Entonces, Jonás partió y se instaló en lo alto de una colina, no lejos de Nínive, para ver qué haría Dios a la ciudad. El sol resplandecía y hacía mucho calor.

Dios hizo crecer un ricino en la cima de la colina, para que diese sombra a Jonás y fuese feliz. Pero llegó la noche y el Señor envió un gusano, que se comió toda la planta. Por la mañana, hizo que de nuevo brillara un sol ardiente.

Jonás, otra vez sin refugio, sentía que se desmayaba y pidió a Dios que le dejara morir. El Señor respondió: «Sientes lástima por el ricino, cuando ni lo has plantado ni tampoco cuidado. Yo, por mi parte, ¿no debería sentir lástima por los hombres que he creado?».

Nuevo Testamento

La Anunciación

En Nazaret, una ciudad de Galilea, vivía una joven llamada María que era la prometida de José, un descendiente de David. Un día, a la muchacha se le apareció Gabriel, un ángel enviado por Dios, que llegaba para anunciarle un gran evento: «Alégrate, María, llena eres de gracia, el Señor está contigo».

María se quedó sorprendida con esas palabras y el ángel la tranquilizó: «No tengas miedo, María. Vengo a anunciarte que darás a luz a un niño, al que llamarás Jesús. Él es el Hijo de Dios, viene a la Tierra para salvar a los hombres de todos los males y su reino no tendrá fin».

María respondió: «¿Cómo puedo tener un bebé si todavía no estoy casada?». El ángel le explicó: «Por obra del Espíritu Santo, que es Dios todopoderoso».

María, entonces, dijo: «Heme aquí, soy la sierva del Señor, y esperaré a que suceda lo que me has predicho».

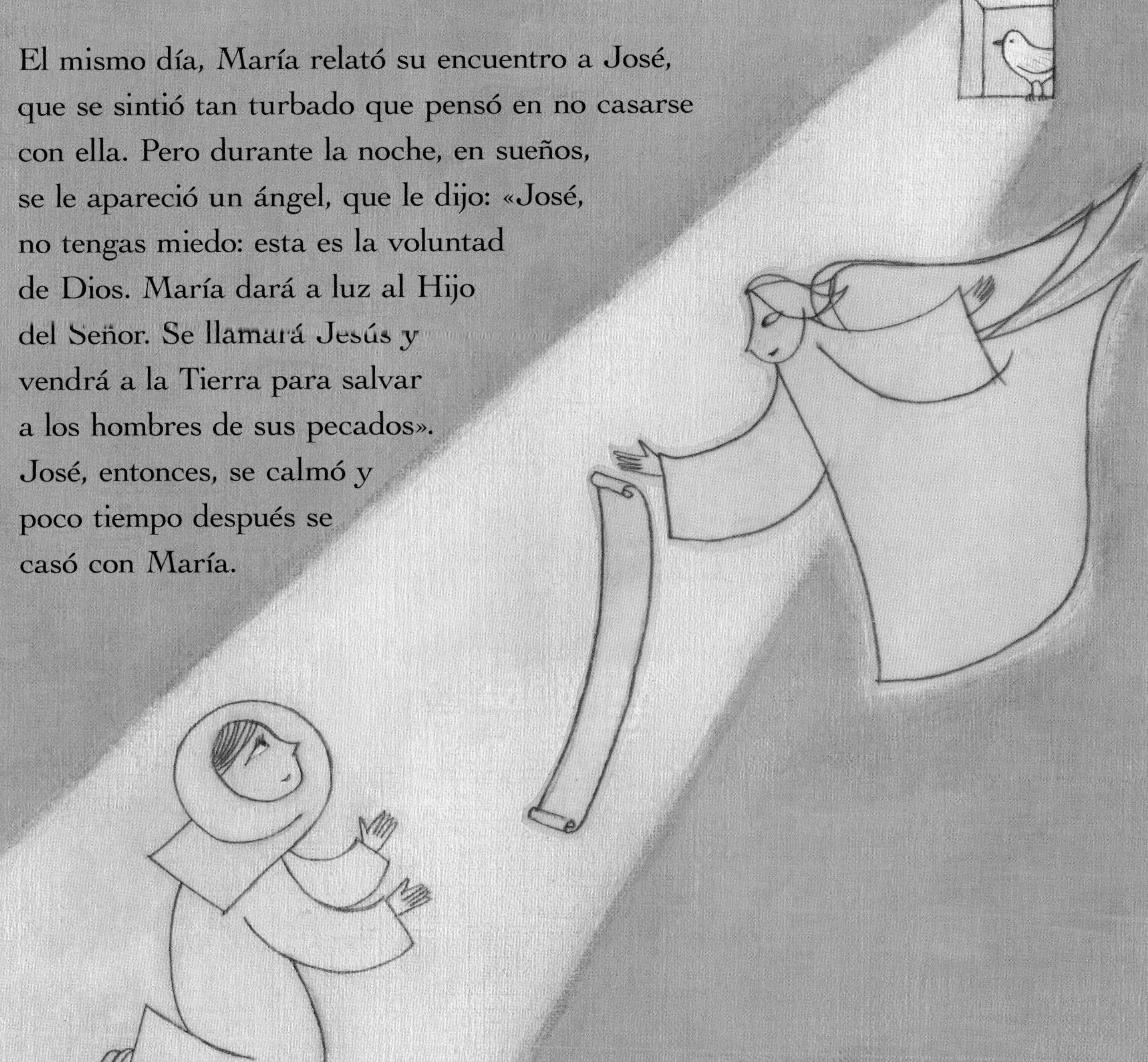

El mismo día, María relató su encuentro a José,
que se sintió tan turbado que pensó en no casarse
con ella. Pero durante la noche, en sueños,
se le apareció un ángel, que le dijo: «José,
no tengas miedo: esta es la voluntad
de Dios. María dará a luz al Hijo
del Señor. Se llamará Jesús y
vendrá a la Tierra para salvar
a los hombres de sus pecados».
José, entonces, se calmó y
poco tiempo después se
casó con María.

El nacimiento de Jesús

En Nazaret, José y María esperaban el nacimiento de Jesús con alegría. Pero cuando faltaba muy poco para la fecha del parto, el emperador romano César Augusto, que controlaba esos territorios, emitió un decreto que obligaba a todas las personas a regresar a sus pueblos de origen para censarlas.

José era originario de Belén, así que tuvo que regresar a esa ciudad, junto con María. Cuando entraron en Belén, María se dio cuenta de que había llegado el momento: el bebé estaba a punto de nacer. Entonces, José llamó a una casa para poder pasar la noche, pero el propietario les dijo que no tenía sitio.

Allí cerca había un establo y José y María
decidieron entrar para refugiarse esa noche.
Y antes de que llegase el nuevo día, María
dio a luz al niño en el pesebre.

No lejos del establo había pastores que cuidaban de
sus rebaños. De repente, un ángel se les apareció
y les dijo: «Hoy ha nacido el Salvador de todos los
pueblos. En un establo encontraréis a un niño:
id y rendidle homenaje».

Los pastores, entonces, llenos de alegría, fueron a
saludar al recién nacido que dormía serenamente
cerca de María y José. Después de haberlo visto,
regresaron a la ciudad para anunciar el nacimiento
de Jesús a todo aquel con quien se encontraban.

Los Reyes Magos y Herodes

Los Reyes Magos llegaron a Jerusalén desde Oriente, para rendir homenaje al Hijo de Dios, y preguntaron: «¿Dónde está Jesús, el rey de los hebreos?. Cuando él nació, una nueva estrella apareció en el cielo, más brillante que ninguna, y nos guió hasta aquí. Venimos a adorarlo».

Al escuchar esas palabras, el rey Herodes se quedó asombrado y también la gente. Los sacerdotes y sabios se reunieron para averiguar dónde estaba Jesús y aseguraron que estaba en Belén. Herodes dijo a los Reyes Magos: «Id en busca de Jesús y avisadme cuando lo hayáis encontrado, porque también quiero saludarle». En realidad, Herodes temía el poder de Jesús y quería matarlo. Los Reyes Magos partieron y, cuando llegaron a Belén, la estrella se posó sobre el establo donde Jesús dormía. Se arrodillaron y le ofrecieron oro, incienso y mirra.

Esa noche soñaron con un ángel, que les dijo: «No se lo digáis a Herodes, porque quiere matar a Jesús». Por la mañana, los Reyes Magos se fueron y regresaron a su país sin hablar con Herodes. Esa misma noche, a José se le apareció un ángel, en sueños, que le dijo: «Rápido, levántate, toma a tu hijo y a María y escapad a Egipto. Permaneced allí hasta que yo os lo diga, porque Herodes está buscando a Jesús para matarlo».

José partió de inmediato con su bebé y su esposa. Mientras tanto, el rey, al darse cuenta de que los Reyes Magos se habían ido sin darle noticias, envió algunos soldados a Belén y ordenó matar a todos los niños de menos de dos años. Pero Jesús ya estaba camino de Egipto, adonde llegó sano y salvo. Cuando Herodes murió, un ángel se le apareció de nuevo, en sueños, a José para anunciarle que había llegado el momento de regresar a Israel. José partió con María y Jesús y fueron a vivir a Nazaret. Es por eso que a Jesús se le llama «Nazareno».

Jesús entre los doctores

Jesús creció en paz, protegido por el inmenso amor de José y María.
En Nazaret fue a la escuela y su sabiduría crecía cada vez más.

Cuando cumplió doce años, siguiendo la tradición, fue con sus padres a
Jerusalén para la Pascua. Una vez transcurridos los días festivos, los padres
emprendieron el camino de vuelta a Nazaret.

Ya estaban en marcha, cuando José y María se dieron cuenta de que Jesús
no estaba con ellos. Desesperados, regresaron a Jerusalén para buscarlo.

Después de tres días lo encontraron en el templo, respondiendo con gran
inteligencia a las preguntas de sabios y doctores. Asombrados, corrieron
hacia él y le preguntaron: «¡Hijo, nos tenías preocupados! ¿Por qué te has
comportado así?». Y Jesús respondió: «No quería preocuparos,
¿pero por qué me buscabais? ¿No sabéis que debo seguir
la voluntad de mi Padre?».

Después, el chiquillo partió con sus padres
hacia Nazaret, donde pasó su juventud
respetando a Dios y a su familia.

El bautismo de Jesús

Cuando se hizo mayor, Jesús fue al río Jordán para ver a Juan, el Bautista, quien purificaba en el agua a aquellos que habían cometido malas acciones y predicaba la Palabra de Dios.

Al entrar en el río, Jesús pidió a Juan que lo bautizara, pero este le dijo: «Vienes a mí, pero yo quisiera que el Salvador me bautizase». Y Jesús respondió: «Por favor, Juan, cumple la voluntad del Señor». Juan, entonces, accedió.

Después de ser bautizado, Jesús salió del agua y una paloma voló hacia él. Entonces, la voz de Dios resonó en el cielo: «Jesús, eres mi hijo predilecto, en quien me complazco».

Los apóstoles

Jesús recorrió toda Galilea, predicando la voluntad de Dios y curando a los enfermos.

Allá donde iba, una multitud se reunía para escucharlo. La fama de su amor y de sus milagros se hizo tan grande que incluso llegó a Siria, de donde partían personas enfermas dispuestas a hacer un largo viaje hasta Él.
Y Jesús, con gran generosidad, curaba a todos aquellos que venían a Él.

Un día, mientras caminaba
por la orilla del mar de Galilea,
vio a dos pescadores, Simón y su hermano Andrés,
que lanzaban al agua las redes para atrapar a los peces.
Se acercó a ellos y les dijo: «Venid conmigo, os haré
pescadores de hombres». Los dos dejaron las redes
inmediatamente y lo siguieron. Mientras continuaba
caminando, Jesús vio a otros dos pescadores, también
hermanos, Santiago, el Mayor, y Juan, y los llamó. Y ellos también
se unieron a Jesús.

Luego reunió a otros hombres para que predicasen su palabra. Jesús eligió a doce apóstoles: después de Simón (a quien Jesús cambió su nombre por el de Pedro), Andrés, Santiago, el Mayor, y Juan, se unieron Felipe, Bartolomé, Tomás, Mateo, Santiago, el Menor, Judas Tadeo, Simón y Judas. Un día, Jesús los llamó, les dio el poder de perdonar a los pecadores y de curar a los enfermos, y animó: «Recorred estas tierras y avisad que el reino

de Dios está cerca, ayudad y cuidad a los necesitados y a los enfermos,
sin pedir nada a cambio. No busquéis la riqueza y vivid en la pobreza.
Vuestra tarea no será fácil, porque son muchos los hombres malvados
que no creerán en vuestras palabras y os odiarán por mi culpa. Vosotros,
sin embargo, nunca temáis, porque será el Espíritu de Dios Padre quién
hablará por vosotros».

Las bienaventuranzas

Jesús y sus apóstoles pasaron los días
ayudando a los más débiles y explicando
cuán bueno era Dios. Había muchísima
gente que se reunía ante el Hijo de Dios
para escucharle.

Un día, en un claro, una multitud de personas lo esperaba para escucharle.
Entonces, Jesús subió a una montaña cercana, se sentó y comenzó a hablar
a los apóstoles que lo habían seguido:

«Bienaventurados los pobres,
porque el reino de Dios les pertenece.
Bienaventurados los hambrientos,
porque ellos serán saciados.
Bienaventurados los que lloran,
porque pronto se reirán.
Bienaventurados seáis cuando os insulten, os persigan y, mintiendo,
digan cosas terribles contra vosotros por mi culpa. Alegraos, porque
seréis recompensados en el Reino de los Cielos.

»Vosotros, apóstoles, sois la luz del mundo. Vuestras buenas obras
brillarán a los ojos de los hombres, quienes glorificarán a Dios.
Amad a vuestros enemigos, haced el bien a los que os odian,
orad por aquellos que os maltratan.
A quien alce la mano en vuestra mejilla, dadle también la otra.
Sed misericordiosos como lo es Dios.
No juzguéis y no seréis juzgados.
No condenéis y no seréis condenados.
Perdonad y seréis perdonados».

Entonces Jesús contó una historia: «Quien viene a mí, escucha mis palabras
y las pone en práctica, es como un hombre que, construyendo una casa, ha
cavado muy profundamente y ha puesto los cimientos sobre la roca. Cuando
el río crezca, la violencia de sus aguas no podrá moverla. En cambio, quien
escucha y no pone en práctica, es como un hombre que ha construido una
casa sobre la tierra, pero sin cimientos. La crecida del río la arrollará y la
hará caer».

La multiplicación de los panes y los peces

Una gran multitud se había reunido alrededor de Jesús. Estaba a punto de anochecer, cuando los discípulos se acercaron a él y le dijeron: «En este lugar no hay nada y ya es tarde. Di a la multitud que vaya a los pueblos cercanos para procurarse comida». Pero él respondió: «Vosotros mismos, dad de comer a toda esta gente». Los apóstoles preguntaron: «¿Tenemos que ir a comprar pan?». Y Jesús respondió: «¿Cuántos panes tenéis?». Le respondieron: «Un niño tiene cinco panes y dos peces. ¡No será suficiente!».

Jesús, entonces, dijo a la multitud que se sentara sobre
la hierba. Tomó los panes y los peces y mirando al cielo
pronunció la bendición. Luego partió los panes, dividió
los peces y se los dio a los apóstoles para que los repartieran.
Jesús había hecho un milagro: los panes y los peces
continuaron multiplicándose. Los apóstoles dieron
de comer a miles de hombres, mujeres y niños.

Jesús camina sobre las aguas

Tras haber realizado el milagro de los panes y los peces, Jesús ordenó a los apóstoles que subieran a una barca atracada en el lago cercano y que remaran hasta la otra orilla. Se despidió de la gente, que poco a poco regresó a sus hogares, y se retiró a lo alto de una montaña para orar solo.

Llegó la noche y Jesús se acercó a sus apóstoles, que estaban remando fatigosamente debido al fuerte viento, y los alcanzó mientras caminaba sobre las aguas.

Los apóstoles, al verlo, se asustaron y gritaron: «¡Es un fantasma!». Jesús dijo: «No temáis, soy yo». Luego se dirigió a Pedro: «Ven aquí conmigo». Pedro comenzó a caminar sobre las aguas, pero el fuerte viento empezó a soplar de nuevo. El apóstol se asustó y, ahogándose, llamó a Jesús: «Por favor, sálvame».

Jesús, tendiéndole la mano, lo reprendió: «Hombre de poca fe,
¡no debes dudar de mí!».

Cuando subieron a la barca, los otros apóstoles se arrodillaron
ante Jesús y le dijeron: «¡Tú eres realmente el Hijo de Dios!».

El mandamiento de Jesús

Jesús estaba en Jerusalén y grandes eruditos se explayaban con él para hablar de Dios, tratando de pillarlo diciendo mentiras en sus discursos. Un día, uno de ellos se le acercó y le preguntó: «¿Cuál es el primero de todos los mandamientos?».

Jesús respondió: «Amarás al Señor con todo tu corazón, con toda tu alma y con toda tu mente. Este es el más grande y el primero de los mandamientos. Y el segundo es semejante: amarás a tu prójimo como a ti mismo. No hay mandamientos más importantes que estos».

Las bodas de Caná

Jesús y sus apóstoles fueron invitados a una boda en Caná, un pueblo de Galilea. Su madre, María, también había ido a la boda. Mientras todos se divertían, el vino se acabó. María, entonces, avisó a Jesús y él respondió: «No te preocupes, madre. Mi hora no ha llegado todavía».
María, que ya había entendido las intenciones de su hijo, habló con los sirvientes: «Haced lo que Jesús os diga».

Cerca de allí había ánforas. Jesús dijo a los sirvientes: «Llenad con agua las ánforas y llevadlas al banquete nupcial». Los sirvientes comenzaron a repartir el agua, que entretanto se había convertido en vino.

A los invitados les gustó mucho ese vino tan bueno y se congratularon: «Todos sirven el vino más sabroso al principio y dejan el peor para el final, cuando los invitados ya han bebido. Tú, sin embargo, ¡has reservado hasta ahora el mejor!».

El buen samaritano

Un día, un erudito quiso poner a prueba la sabiduría de Jesús, y le preguntó: «Maestro, ¿qué debo hacer para vivir eternamente?».

Jesús respondió: «¿Qué dice la ley de Dios?».

Y el erudito repuso: «Amarás al Señor con todo tu corazón, con toda tu alma y con toda tu mente y amarás a tu prójimo como a ti mismo».

Y Jesús contestó: «Si sigues estos mandamientos, tendrás la vida eterna». El erudito le preguntó: «¿Y quién es mi prójimo?».

Entonces, Jesús le contó una parábola: «Un hombre iba de camino a Jericó, cuando unos bandidos lo agarraron y le pegaron con fuerza. Casualmente, un sacerdote pasó frente a él y fingió no verlo, dejándolo aturdido en el suelo.

»Poco después, otro hombre, que trabajaba en el templo de Jerusalén, pasó por su lado sin ni siquiera mirarlo. Llegó entonces un samaritano, vio al hombre y se detuvo inmediatamente para ayudarlo: le vendó las heridas, lo cargó sobre su asno y lo llevó a una posada para curarlo. Al día siguiente, pagó al hotelero para que lo cuidara y se marchó.

»Por tanto, ¿cuál de los tres hombres ha amado al prójimo como a sí mismo?».
Y el erudito respondió: «El samaritano».
Finalmente, Jesús le dijo: «Ahora sabes cómo debes comportarte».

La resurrección de Lázaro

En el pueblo de Betania vivía Lázaro, un amigo de Jesús, gravemente enfermo.

Sus hermanas, Marta y María, mandaron avisar a Jesús para que fuera a su casa a salvarlo. Jesús, sin embargo, no fue y respondió: «Por medio de su enfermedad, ¡el Hijo de Dios será glorificado!».

Unos días después, Jesús dijo a sus apóstoles: «Nuestro amigo Lázaro se ha quedado dormido, ¡pero yo iré a despertarlo!».
Los discípulos respondieron: «Si se ha dormido, significa que se curará».
Pero Jesús les explicó: «Lázaro no se ha dormido, ya murió, y ahora veréis cuán grande es Dios».

Jesús fue con los apóstoles al pueblo de Betania, donde ya hacía cuatro días que Lázaro había sido sepultado. Marta, cuando vio a Jesús, le dijo: «Señor, si hubieras venido cuando mi hermano estaba enfermo, lo habrías curado, ¡y ahora no estaría muerto!».
Jesús le respondió: «Tu hermano resucitará. Yo soy la vida: quien tiene fe en mí no morirá. ¿Crees lo que te digo?».
Y Marta asintió: «Sí, eres el Hijo de Dios».

Entonces Jesús se encontró con María y, al verla llorar por la muerte de su
hermano, le dijo: «Llévame donde reposa tu hermano».
Cuando llegaron al sepulcro, una cueva cerrada por una gran piedra,
ordenó: «Quitad la piedra».

La apartaron y, entonces, el Hijo de Dios alzó
la mirada al cielo y dijo:
«Padre, te doy las gracias por haberme
escuchado».
Luego gritó: «Lázaro, ¡sal fuera!».
Se había obrado el milagro: Lázaro salió
vivo de la cueva.

Padrenuestro

Un día, Jesús estaba
rezando, cuando uno de los
apóstoles le dijo: «Señor,
enséñanos a rezar como
lo haces Tú». Y Jesús
respondió: «Cuando recéis,
decid estas palabras:

»Padre nuestro,

que estás en los cielos,

santificado sea tu nombre;

venga a nosotros tu reino;

hágase tu voluntad

así en la tierra como en el cielo.

El pan nuestro de cada día dánoslo hoy;

perdona nuestras deudas

como también nosotros perdonamos a nuestros deudores;

y no nos dejes caer en la tentación,

mas líbranos del mal.

Amén».

Luego añadió: «Pedid, y se os dará; buscad, y hallaréis; llamad,
y se os abrirá. ¿O qué hombre hay entre vosotros que si su hijo
le pide pan, le dará una piedra? Pues si vosotros, siendo malos,
sabéis dar cosas buenas a vuestros hijos, ¿cuánto más vuestro
Padre, que está en los cielos, dará cosas buenas a los que se lo pidan?».

El hijo pródigo

Un día, Jesús contó una historia: «Un hombre rico tenía dos hijos. El más joven dijo a su padre: "Padre, dame todo el dinero que has guardado para mí". Y el padre así lo hizo.

»El joven, que había recibido mucho dinero, marchó de viaje y despilfarró todo en diversiones. Cuando no le quedaba nada, ni siquiera para comer, en el lugar donde estaba hubo una hambruna. Entonces, el joven se puso a buscar trabajo y encontró empleo como porquerizo. Hambriento, miraba a los animales mientras comían algarrobas y pensó: "Las personas que trabajan para mi padre tienen comida en abundancia y yo estoy aquí, ¡muriéndome de hambre! Regresaré con mi padre, le pediré perdón por mi mal comportamiento y le rogaré que me deje trabajar con él. Estoy dispuesto a hacer incluso de mozo".

»Partió, y cuando se acercaba a la casa de su padre, este lo vio y, llorando, corrió a su encuentro para abrazarlo.

»El joven dijo: "Padre, ya no soy digno de ser tu hijo porque me he portado muy mal".

»El padre, sin embargo, lo abrazó y dijo a los sirvientes: "Traed aquí el vestido más hermoso y ponédselo a mi hijo. Luego, organizad un gran banquete para celebrar su regreso".

»El hijo mayor, indignado con su padre por haber perdonado a su hermano, le dijo: "Durante todos estos años siempre me he portado bien y tú nunca has organizado una fiesta para mí. Y a mi hermano, que se ha gastado todo el dinero sin criterio alguno, lo recibes con un rico banquete".

»El padre le respondió: "Hijo, tú siempre estás conmigo y lo que es mío es tuyo. Pero debemos alegrarnos, porque tu hermano se había portado mal y ahora se ha arrepentido"».

Jesús y los niños

Un día, un grupo de niños se acercó a Jesús para que los acariciara. Entonces, los apóstoles les riñeron: «¡No molestéis al Señor!».

Y Jesús, abrazando y acariciando a los niños, dijo: «Dejad que los niños vengan a mí, porque de los que son puros e inocentes como ellos es el Reino de Dios. Quien no se presente en el Reino de Dios con la pureza de un niño, no podrá entrar».

Entrada de Jesús en Jerusalén

Cuando llegaron cerca de Jerusalén, junto al monte de los Olivos,
Jesús dijo a dos de sus discípulos: «Id a aquel barrio y traedme
un asno».

Los discípulos obedecieron las órdenes de Jesús. Le dieron el asno y
pusieron en la grupa sus túnicas para que Jesús se sentara encima.
Así fue como siguieron caminando hasta alcanzar Jerusalén.
La mayor parte de las gentes que seguían al Hijo de Dios
tapizó el camino con sus túnicas y algunos también
añadieron ramas. Y todos juntos cantaban:
«¡Bendito aquel que viene en el nombre
del Señor!».

Cuando Jesús entró en Jerusalén,
los habitantes de la ciudad,
sorprendidos, se preguntaban:
«¿Quién es este?». Y la muchedumbre
respondía: «Este es Jesús, el profeta
que viene de Nazaret, en Galilea».

La Última Cena

Faltaba poco para la cena de Pascua y los apóstoles preguntaron a Jesús:
«Maestro, ¿dónde quieres que preparemos la cena?». Jesús respondió:
«Id a la ciudad de Jerusalén y seguid a un hombre que se os acercará
con una jarra de agua. Él os mostrará una gran sala con hermosos tapices.
Decidle entonces que celebraremos la cena de Pascua en ese lugar».

Los apóstoles hicieron como el Señor había dicho. Llegó la hora de la cena
y Jesús y los apóstoles se sentaron en la mesa preparada. Mientras comían,
Jesús dijo: «Uno de vosotros me traicionará». Los apóstoles, afligidos,
comenzaron a preguntarle uno a uno: «¿Acaso seré yo, Señor?». Judas
también preguntó: «¿Acaso seré yo, Maestro?». Jesús respondió: «Tú lo has
dicho».

Judas sabía que Jesús tenía razón: en efecto, poco antes, había ido a ver a unos sacerdotes y escribas que, preocupados por el gran poder que el Hijo de Dios tenía sobre la gente, querían matarlo. Había aceptado entregar a Jesús a cambio de dinero: y para indicar quién era el Hijo de Dios, lo besaría.

Mientras continuaban comiendo, el Señor añadió: «Soy muy feliz de estar aquí con vosotros, porque esta será la última vez que estaremos juntos».

Luego, Jesús dio la Eucaristía, es decir, tomó el pan, lo bendijo, lo partió y lo dio a los apóstoles, diciendo: «Tomad y comed, esto es mi cuerpo».

Luego tomó la copa de vino, la alzó al
cielo y sirvió a los apóstoles: «Bebed
todos, porque esta es mi sangre,
derramada para salvar a los hombres
de sus pecados». Después de la cena,
Judas se marchó. Los otros apóstoles,
tras haber cantado alabanzas a Dios,
fueron al Monte de los Olivos. Jesús dijo:
«Esta noche, todos tendréis miedo por mi
culpa». Pedro respondió: «¡Señor, a mí no
me pasará!». Y Jesús añadió: «Querido
Pedro, antes de que el gallo cante y
llegue la mañana, me negarás tres veces».
Pedro se quedó asombrado ante esas
palabras.

En Getsemaní

Jesús llevó a los apóstoles al cercano jardín de Getsemaní y les conminó: «Sentaos aquí». Tomó a Pedro, Santiago y Juan, diciéndoles: «Estoy muy triste y tengo miedo; por favor, velad conmigo».

Se alejó un poco y, echándose al suelo, dirigió sus oraciones a Dios: «Padre mío, ¡hágase tu voluntad!».

Cuando regresó, los tres apóstoles estaban durmiendo, y les dijo:
«¿No habéis sido capaces de velar una hora por mi? Orad para
no caer en la tentación». Luego volvió a rezar aparte.

Regresó donde seguían los tres, vio que sus ojos se estaban cerrando
de nuevo por el sueño y añadió: «¡Ahora, dormid! Ha llegado mi hora:
el Hijo de Dios será entregado en manos de los pecadores. El que
me va a traicionar se acerca».

La captura de Jesús

Jesús todavía estaba hablando cuando, seguido por los guardias y por muchas personas que empuñaban espadas y palos, llegó Judas. El apóstol se acercó a su Maestro, lo besó y dijo a los guardias: «Este es Jesús». Los hombres intentaron llevárselo. Entonces, Pedro desenvainó su espada y cortó la oreja a uno de ellos. Pero Jesús inmediatamente le sanó la herida y dijo: «¡Ya basta!».

Dirigiéndose a las personas que querían arrestarlo, continuó: «Habéis venido con las armas como si tuvierais que apresar a un bandido. Muchas veces hemos hablado juntos en el templo y nadie alzó las manos contra mí. Ahora, sin embargo, es vuestra hora: ¡está llegando el imperio de las tinieblas!».

Jesús fue capturado y los apóstoles huyeron asustados, como Él había predicho.

La negación de Pedro

Jesús fue llevado a Jerusalén, al palacio del sumo sacerdote Caifás, para ser interrogado. Pedro, que lo había seguido a escondidas, se sentó fuera, en el patio.

Una sirvienta se le acercó y dijo: «¡Tú también estabas con Jesús!». Pedro, negándolo, respondió: «¡No es verdad!». Y se alejó.

Otra sirvienta lo señaló: «Él estaba con Jesús, el Nazareno». Pedro lo negó nuevamente: «¡No conozco a ese hombre!».

Poco después, un grupo de personas añadió: «Él es uno de los apóstoles». Entonces Pedro gritó: «¡No sé quién es Jesús!».

Justo cuando acababa de pronunciar la frase, un gallo cantó, y él se acordó de las palabras de Jesús en la cena y se puso a llorar, porque era consciente de haber renegado de su Maestro.

Jesús y Pilatos

Después de que los sacerdotes lo hubieron interrogado, por la mañana
llevaron a Jesús ante el gobernador romano Poncio Pilatos, que le
preguntó si era cierto, como se decía por ahí, que él se autoproclamaba
rey de los judíos, el pueblo que vivía en esas tierras.
Jesús respondió: «Tú lo has dicho».

Mientras los sacerdotes seguían acusándolo de decir falsedades,
Pilatos continuó: «¿Están todos en contra de ti y no dices nada?».
Jesús permaneció en silencio y Pilatos quedó asombrado.
Por la fiesta de Pascua era costumbre que Pilatos, a petición del pueblo,
liberara a un prisionero. Ese año habían elegido a un tal Barrabás,
que había cometido un asesinato.

Pilatos, sin saber qué hacer con Jesús, porque había comprendido que
Él no era culpable sino que los sacerdotes lo habían capturado por envidia,
lo llevó ante el pueblo junto con Barrabás, para que la gente decidiese quién
debería ser puesto en libertad, y preguntó: «¿A quién queréis que libere?».

Y el pueblo gritó: «¡Barrabás!».

Pilatos añadió: «¿Y qué debería hacer con Jesús?».

La gente respondió: «¡Crucifícalo!».

Pilatos dijo: «¿Pero qué daño ha hecho?».

Y el pueblo continuó: «¡Crucifícalo!».

Pilatos, entonces, entregó a Jesús a los soldados, quienes le golpearon
y lo prepararon para la crucifixión.

La Pasión de Jesús

Los guardias llevaron a Jesús al patio del palacio, lo cubrieron con un manto rojo, le pusieron una corona de espinas en la cabeza y le dieron un bastón. Luego comenzaron a golpearlo y a burlarse: «¡Aquí está el que se cree rey de los judíos!».

Lo vistieron con su túnica y lo obligaron a arrastrar una pesada cruz de madera hasta la cima de una colina: el Calvario.

Jesús, cansado y sangrando a causa de los golpes, cayó muchas veces, pero los soldados hicieron que se levantara, mientras lo golpeaban aún más. Muchas personas se habían reunido y lloraban por Jesús y por el dolor que estaba sufriendo.

La Crucifixión

Cuando Jesús subió al Calvario, los guardias le clavaron las manos y los pies en la cruz. Para mofarse de él, sobre su cabeza pusieron una inscripción con las iniciales «INRI», sigla de la frase latina *Iesus Nazarenus Rex Iudaeorum*, que significa 'Jesús de Nazaret, rey de los judíos'.

Luego levantaron la cruz en medio de otras dos, a las cuales estaban atados un par de ladrones. Uno se mofó de Jesús, pero el otro se dirigió a él y le suplicó: «Por favor, Señor, acuérdate de mí cuando estés en tu Reino». Y Jesús le respondió: «No te preocupes, porque vendrás conmigo al Paraíso».

Una multitud se había agrupado alrededor de Jesús y a sus pies también estaba su madre, María, que no dejaba de llorar, y su apóstol Juan. Jesús le rogó: «Querido Juan, cuida a mi madre como si fuera la tuya». Desde ese momento, Juan acogió a María en su casa.

Jesús entonces dijo: «Tengo sed», y uno de los guardias le aproximó un trapo empapado en vinagre. Hacia el mediodía, el cielo oscureció y la tierra empezó a temblar: significaba que Jesús había muerto.
La gente se asustó y comenzó a huir. Uno de los guardias dijo: «Mirad el cielo. ¡Dios se ha enfadado porque hemos matado a su Hijo!».

Era la noche de un viernes, y Jesús fue bajado de la cruz, envuelto en una sábana y llevado a un sepulcro excavado en la roca, fuera de la ciudad de Jerusalén. La tumba se tapó con una gran losa.

La Resurrección

El domingo por la mañana, una amiga de Jesús, llamada María Magdalena, fue al sepulcro junto con otras dos mujeres; pero cuando llegaron se dieron cuenta de que habían movido la pesada roca.

Entraron en la tumba y vieron en el suelo la sábana con la que habían envuelto a Jesús, pero la tumba estaba vacía. Asustadas, fueron a ver a Pedro y Juan, que corrieron al sepulcro para contemplar en persona lo que las mujeres decían. Y también se quedaron estupefactos: se preguntaban si Jesús había resucitado, y regresaron a sus hogares.

Pero María Magdalena se quedó llorando cerca de la tumba, y vio que un hombre se le acercaba. Era Jesús, pero ella no lo reconoció.
Jesús le preguntó: «¿Por qué lloras?».
Y ella contestó: «¡Se han llevado a mi Señor!».
Jesús le dijo: «María, ¿no me reconoces?».
Al instante, ella entendió todo y exclamó: «¡Mi Maestro!». Entonces, exultante de felicidad, fue a ver a los apóstoles para contarles que había visto a Jesús.

La cena en Emaús

La misma tarde, dos amigos de Jesús se fueron de Jerusalén hacia el pueblo de Emaús. Mientras caminaban, hablaban de lo que le había pasado. Y entonces, Jesús se les acercó y les preguntó: «¿De qué estáis hablando?.»

Los dos, que no lo habían reconocido, respondieron tristemente: «Nuestro Maestro, el Hijo de Dios, ha sido torturado y asesinado por los romanos». Y le contaron todo lo que había ocurrido.

Cuando llegaron a Emaús invitaron al hombre a cenar con ellos. Una vez sentados a la mesa, finalmente se dieron cuenta de que él era Jesús, pero desapareció de repente.

Luego, los dos corrieron a Jerusalén para contar lo que había sucedido. Mientras estaban todos reunidos, Jesús apareció y dijo: «¡La paz sea con vosotros!». Los hombres se asustaron, creyendo haber visto un fantasma. Entonces, Jesús les explicó: «No tengáis miedo, soy yo, en carne y hueso. Tocadme y lo entenderéis».

Después, Jesús pidió comida y todos comieron con él. Antes de despedirse de ellos, les explicó: «Debía morir y resucitar al tercer día, tal como ha sucedido. Esta era la voluntad de Dios, mi Padre. Quien cree en mí y en Dios será perdonado. Recorred el mundo y anunciad mi mensaje».

La Ascensión

Después de haber cenado con ellos, Jesús alzó las manos y les bendijo. Entonces, rodeado de luz, comenzó a ascender hacia el cielo.

Los apóstoles, llorando de alegría, lo saludaron y regresaron a Jerusalén para explicar a todos que Jesús había resucitado y se había unido a Dios.

DESCRIPCIÓN DE LAS ILUSTRACIONES
de Martino Signoretto, sacerdote y biblista

Queridos padres y abuelos: en esta Biblia narrada a los niños, las palabras y los colores se mezclan y en cada dibujo podréis percibir el misterio invisible de Dios. Sin embargo, hay pequeños secretos que me gustaría revelaros, para que ayudéis a vuestros pequeños a comprender mejor las imágenes y las palabras de estas páginas. Prestad atención a las palabras **resaltadas en negrita**: son muy importantes.

ANTIGUO TESTAMENTO

Del Libro del **Génesis***: los orígenes de la humanidad y del pueblo de Dios*

La creación (1, 1-25)

Dios empieza la creación con la **luz**. Se trata de **luz** divina, que parte del centro del mundo y se expande en belleza. La luz es como la **Palabra de Dios**: ilumina, aclara, comunica, crea. Por eso en el centro del mundo se hallan las primeras **palabras** de la Biblia. Habréis notado que el sol y la luna están en las esquinas del dibujo: en efecto, vinieron después de la **luz**, porque son criaturas.

El mundo es imaginado como un **jardín** de armonía: el lobo pasta hierba, el cordero no tiene miedo al lobo, Eva acaricia un cocodrilo. En fin, no es necesario derramar sangre para encontrar comida. Hay **paz** y todo está en su lugar.

Adán y Eva (1, 26-31; 2-3)

El **jardín** es un lugar hermoso, es un don. El hombre y la mujer son libres y corren el riesgo de arruinarlo. La **serpiente**, un animal astuto, tiene palabras malévolas que insinúan la sospecha de que Dios esté jugando con los hombres, y de esta manera se entromete entre marido y mujer, los divide y los seduce. Toman la fruta prohibida y así estropean el don; se cierra el **jardín** y un **mar de maldad** comienza a extenderse por el mundo.

Caín y Abel (4)

Son hermanos y son diferentes. Esto, que debería ser una riqueza, es sin embargo un problema. Abel, sobre fondo amarillo, está inmerso en la **luz**, mientras que Caín, sobre fondo oscuro, siente envidia porque no sabe que es un don original. La envidia entra en el corazón de los hombres y puede llevarles a matar incluso al propio hermano.

El arca de Noé (5-8)

Después de los primeros pecados, el **mar de maldad** se vuelve más y más grande. Dios, entonces, diseña un gigantesco «bote salvavidas»: ¡**el arca de Noé**! Es tan grande que se sale de la página, para que quepan todas las buenas personas y los animales, siempre en pareja. Una **paloma** marca el final del diluvio trayendo una ramita de olivo, señal de paz.

La torre de Babel (11)

Es símbolo de todas las formas de imperialismo, cuando los hombres presumen de ser un poco como Dios: en efecto, la torre del dibujo es tan grande que no se ve ni el principio ni el final, un poco como está hecho Dios. ¿Cómo reacciona Dios? No envía el diluvio, pero sí un regalo muy especial: el don de hablar diferentes lenguas. Así, los hombres descubren que no pueden agruparse bajo un solo imperio, ni hablar la misma lengua, y por esto usan **vestidos diferentes**: para vivir en paz deben estar dispuestos a aprender a entenderse.

Abraham y Sara (12-13)

Dios no se da por vencido y elige a un humilde pastor, Abraham, para fundar un futuro pueblo. Le pide valentía: debe hacer un largo **viaje**. Aunque su esposa Sara no puede tener hijos, le promete una gran descendencia, tan numerosa como **estrellas** hay en el cielo, tal como aparecen en el dibujo. Alzar los ojos al cielo permite a Abraham no pensar solo en los problemas terrenales. Después del nacimiento de su hijo, Abraham es puesto a prueba: Dios le pide que sacrifique el don que ha recibido, su hijo, pero luego lo detiene. En el dibujo se entrevé un **carnero**, escondido detrás de la montaña, que Abraham no ve: será sacrificado en lugar de Isaac.

Isaac y Rebeca (21-24)

Isaac ya es mayor y le ha llegado la hora de casarse. Un sirviente le ayuda y le busca una esposa. Sale de **viaje** y **llega** a un pozo donde las mujeres se encuentran para charlar y extraer agua. Aquí encuentra para Isaac a la bella **Rebeca**, que acepta convertirse en su futura esposa.

José (37-45)

¡Es un gran soñador! Sueña con una estrella que simboliza la futura primacía sobre los hermanos, representados por las **estrellas** que se inclinan, con las **puntas dobladas**. El **sol** y la **luna** son sus padres, también inclinados: el sueño presagia lo que sucederá a esta familia cuando, en Egipto, deberá inclinarse ante José, que se había convertido en gran visir.

Del Libro del **Éxodo***: un pueblo salvado de la esclavitud con el don de la ley*

Moisés (1-6)
Así como el **arca de Noé** había atravesado un **mar de maldad**, Moisés es salvado del Nilo dentro de una **cesta**. Él oculta un gran destino. En Egipto se convertirá en un hombre poderoso, pero habiendo cogido un zarzal sagrado «que ardía y no se consumía», se volverá un hombre de Dios, porque encontrará la **luz** divina.

Las plagas de Egipto (7-11)
Moisés tiene una misión importante: salvar a su pueblo de la esclavitud de Egipto. A pesar de presentarse en una posición humilde, abajo, se dibuja con tonos claros, pues está en la **luz**. Deberá ajustarle las cuentas al poderoso Faraón, que aparece en la parte superior, en un trono, y que, como **Caín**, está representado con colores más oscuros. También son importantes los **jeroglíficos** bajo el trono del faraón: simbolizan las **diez plagas** que sufrirá Egipto por haber impedido que el pueblo de Moisés se marchara.

La liberación de los israelitas y el paso del mar Rojo (12-14)
Finalmente, los hebreos han sido liberados de la esclavitud, pero hay un problema: se encuentran frente a un **mar de maldad**, un **mar de enemigos** como los egipcios. Pero los hebreos no se ahogan en el mar, porque Dios abre un camino de salvación.

Los diez mandamientos (20)
Moisés conduce a su pueblo al monte Sinaí, donde **cielo y tierra casi se tocan**. Solo él puede subir, porque es un hombre de Dios; el pueblo permanece al pie del monte y le espera. Él recibe un regalo en la montaña: los diez mandamientos. No son imposiciones, sino palabras de libertad.

*Del Libro de **Josué**: derribar las murallas de una ciudad fortificada*
Las murallas de Jericó (5-6)
¿Cómo derrumbar las **murallas gigantescas** de una ciudad fortificada? Con la fuerza es imposible, pero con la música de las **trompetas** de Dios y con su **Palabra** se pueden derrocar todas las murallas del miedo.

*Del Libro de los **Jueces**: perder el don de la fuerza por ser ingenuo*
Sansón y Dalila (13-16)
Sansón es fuerte y valiente, pero la **sombra de la espada** ya toca su larga cabellera, el origen de su fuerza. Efectivamente, la perderá, pero la recuperará al final de su vida, invocando al Señor.

*Del Libro de **Rut**: el valor de marchar*
Rut y Boaz
Orpá no está dispuesta a irse, tiene una **lágrima en su cara**. No conoce los **colores** del viaje, de la aventura. Noemí y Rut, en cambio, están representadas con **colores** diferentes, quieren arriesgarse y, como Abraham, parten para un largo **viaje**. Después del luto, a Rut le espera un destino feliz.

*Del **Primer Libro de Samuel**: Dios derrota a los gigantes a través de los pequeños*
David y Goliat (16-17)
¿Cómo puede el **pequeño David** derrotar a un gigante como Goliat? Es tan grande que, en el dibujo, ¡ni siquiera cabe en la pagina! Y David es tan pequeño que no puede **usar las armas** del rey Saúl: será la fe en Dios lo que le dará coraje y sabiduría. Los gigantes, vistos con los ojos de Dios, tienen los pies de arcilla.

*Del **Libro Primero de los Reyes**: un rey sabio ve la luz dentro del corazón*
El juicio de Salomón (3, 16-28)
El «**nudo de Salomón**», que decora su trono, es un enigma que nadie sabe resolver. Es un signo de la **sabiduría** del rey, dibujado sentado, a punto de iniciar el **juicio** real de las dos madres que reclamaban al mismo niño. Él se da cuenta de qué madre es la que tiene la luz en el corazón: la verdadera llora y mira al bebé, mientras que la otra solo mira a Salomón.

Salomón y la reina de Saba (10)
La reina de Saba está **vestida de manera diferente** a las demás mujeres y tiene el pelo larguísimo: esto nos indica que es muy hermosa y que viene de muy lejos. Se inclina ante Salomón, porque reconoce su poder. A diferencia de aquellos que construyeron la **torre de Babel**, Salomón ve que esta mujer es extranjera, y por tanto, diferente, tiene la **luz** en el corazón: es un don.

*Del Libro de **Daniel**: incluso dentro del fuego se puede superar el miedo*
Nabucodonosor y los tres jóvenes en el horno (3, 1-50)
Víctimas del poder del rey y de la **envidia**, tres jóvenes hebreos han sido introducidos en un **horno** con llamas muy altas. Sin embargo, no se queman: como ocurre con las murallas de Jericó, vencen al miedo y el fuego **cantando alabanzas** al Señor.

Daniel en el foso de los leones (6, 17-25)
Esta vez, la envidia y el poder imperial arrojan a **Daniel** a un foso, a las fauces de **leones** feroces: pero viene un **ángel** y los leones se vuelven mansos como gatitos. Podemos notar que entre las **miradas** de amistad, como en el **jardín** terrestre, ahora habitan la armonía y la **paz**.

*Del Libro de **Jonás**: cuando quien se te come te quiere proteger*
Jonás y el pez (2)
Un **pez grande** se come a Jonás, para después ser salvado de un **mar de maldad**. Porque, como los anteriores jóvenes hebreos al ser arrojados al fuego, estando en el vientre del pez, ¡**alaba** al Señor!

Al llegar Nínive, Jonás está solo contra toda una ciudad. Los habitantes le **miran** preocupados; también **el rey le mira** desde su palacio: Jonás aún no sabe que logrará convertir toda ciudad con la **Palabra** que Dios le sugerirá.

NUEVO TESTAMENTO

La Anunciación

El ángel Gabriel anuncia la Palabra de Dios: tiene un **rollo** en la mano, que se despliega en la **luz** divina, la misma que envuelve a la joven María. En la ventana hay una **paloma**. Esta, que ya portaba esperanza al **arca** de Noé, ahora es un signo del **Espíritu Santo**, que trae a María un regalo único: el nacimiento de Jesús.

El nacimiento de Jesús

Para María, embarazada de Jesús, no había lugar en la casa. En el dibujo, el propietario señala el establo con el dedo, un lugar pobre y sencillo, pero cálido e íntimo. Dios nace entre los animales, en la sencillez, y se convierte en un hombre como todos nosotros.

Los Reyes Magos y Herodes

Herodes, encerrado en su castillo, se queda todo para él, no es capaz de hacer regalos. Piensa solo en su **corona**: es grande, como su poder, tanto que las puntas salen por la ventana. Por su parte, los Reyes Magos, como Abraham y Rut, afrontan un largo **viaje**, y traen **regalos** a Jesús: oro, incienso y mirra.

Entre los doctores en el templo

Los maestros de la ley llevan los símbolos de la sabiduría. Todos están de pie, como **columnas**, seguros de su conocimiento. Jesús, en cambio, está **sentado** delante de un fondo de **luz**: sus **ojos** miran al lector; su **sabiduría** consiste en relacionarse contigo, ser tu amigo.

El bautismo de Jesús

En el dibujo, el **cielo** se acaba de abrir, lo que significa que hay una comunicación entre **el cielo y la tierra**, entre Dios y los hombres. Jesús no tiene miedo del agua, se hace bautizar como todos y a él llega la **luz**. Aquí tenemos de nuevo a la **paloma**, el **Espíritu Santo**, que vuela cerca de Él para decirle que el Padre celestial le quiere; ahora está listo para anunciar el Evangelio a todos.

Los apóstoles

Jesús encuentra nuevos amigos, los apóstoles: Él está en la playa, mientras ellos pescan desde las barcas. Jesús los **llama**. ¿Por qué le escuchan? Porque confían en un amigo tan especial. No importa si son diferentes, si llevan vestidos distintos: Él los llama por su nombre, los quiere conocer uno por uno.

Las bienaventuranzas

Personas de todo el mundo acuden a escuchar a Jesús, porque en Él se refleja la **luz** de Dios. Son sus palabras las que hacen que sople el **viento** del Espíritu, puesto que son **palabras** poderosas, palabras de felicidad que se abren a la esperanza y acarician el corazón. Entre la multitud hay un niño, con un vestido a rayas blancas y rojas y un cinturón. Acordaos de él: lo volveréis a ver unas cuantas veces.

La **Palabra** de Jesús es tan divina que se puede comparar a la **roca** de la montaña. En el dibujo, esta es del mismo **color** que el vestido de Jesús... ¡ni siquiera un **mar de maldad** puede derribar una casa construida sobre ella!

La multiplicación de los panes y los peces

El **niño** con el vestido a rayas es generoso: lleva en la mano un cesto con **panes** y peces y se lo ofrece a Jesús. Con tan poco, ¡a todos se les da de comer! ¡Solo hay que dar a Jesús lo que tenemos y Él hará milagros! Es extraño, pero esos **panes** son del **color de la luz** de Jesús: no solo sacian el hambre, sino también el corazón.

Jesús sobre las aguas

Pedro quiere mostrar su valentía y está saltando de la **barca**, pero es difícil caminar en un **mar de maldad**. Noé tenía el **arca**, Moisés estaba en una **cesta**, los hebreos cruzaron un mar dividido. Pedro podría ahogarse y necesitará una mano para regresar a la **barca**: solo con Jesús se puede afrontar este **mar de maldad**.

El mandamiento de Jesús

Para amar es necesario un **gran corazón**, como el de Jesús. En efecto, solo el corazón de quien ama puede albergar la **luz**: en un gran corazón hay sitio para todos, para amar a Dios, a los hombres, a uno mismo.

Las bodas de Caná

En una boda, el vino es signo de fiesta y, sin vino, ¡no hay fiesta! María se percata de este inconveniente y toma la iniciativa para encontrar una solución: de esta manera hace de **intermediaria** entre Jesús y los sirvientes.

El buen samaritano

Para ir de Jerusalén a Jericó, **el camino es cuesta abajo**, pero eso no significa que sea fácil. Hay bandidos y puedes acabar mal. El samaritano es previsor y está preparado, pues lleva consigo un **frasco de aceite** y uno de **vino**, materiales para cuidar de quien necesita ayuda.

La resurrección de Lázaro

Marta y María **lloran** por su hermano Lázaro, ya muerto y enterrado. Las dos hermanas son diferentes. Así, en Marta vemos sus **manos** y el **delantal**: es la mujer de casa; en María, sin embargo, se destaca la **oreja**, porque le gusta escuchar la **Palabra** de Jesús. Jesús ama a todos en esa familia. Entonces reza a Dios, su Padre, así que la luz viene del cielo desciende sobre él y su amigo Lázaro vuelve a la vida.

Padrenuestro

El secreto de la vida de Jesús es su **relación con el Padre**: por ello está **recubierto de luz**, una **luz** que baja del cielo y que le acompaña siempre. Con los brazos levantados, Jesús quiere revelar este **secreto** a los apóstoles que lo miran asombrados. Así Jesús nos enseña las palabras justas para hablar con el **cielo**.

El hijo pródigo

Un hijo **sin sandalias** con un **vestido remendado** que vuelve a casa después de tantos años, habiendo perdido dinero e incluso la dignidad. Las **manos** del padre que abrazan al hijo son especiales: una es de hombre y, la otra, de mujer. Ama con amor de madre y de padre: «¡Ama como Dios!»

Jesús y los niños

Como en el dibujo de Jesús en el templo, otra vez **Jesús mira al lector**. Te cautiva con sus gestos de ternura. Todos los pequeños miran sonrientes a Jesús: son todos **diferentes**, todos originales y sus miradas tienen mucho que enseñarte. Entre ellos puedes ver, otra vez, al del vestido a rayas y cinturón rojo. Los niños ven con sencillez que Jesús está hecho de **luz**, que se expande, ilumina y orienta el camino de la verdad y que no deben tenerle miedo; pueden acercarse a Él e incluso estar en sus brazos: es realmente «el Dios que está con nosotros».

Entrada de Jesús en Jerusalén

En el mundo oriental, el caballo era el animal de la guerra y, el **burro**, el animal de la paz. Jesús entra en Jerusalén montado en un burro, porque es un rey de paz, y por eso lo reciben con canciones, ramas de olivo y palmas. Entre el gentío, un niño con vestido a rayas y cinturón agita su pal-ma: ha seguido a Jesús hasta Jerusalén.

La Última Cena

Como en Caná, también ahora Jesús está en la mesa. En el dibujo destaca el mismo hermoso **mantel** y el mismo **vino**. Pero se trata de la última cena y podemos apreciar algunos detalles: todas las **miradas** de los apóstoles se dirigen a Jesús, excepto la de Judas, el traidor; el **pan** es del mismo color que el de la multiplicación de los panes, es un pan muy especial...

En Getsemaní

Jesús está inmerso en las tinieblas, está solo. Pero la **luz** del Padre le hace compañía, y con ella puede enfrentarse al **mal**. Esa noche se revela la verdad de un antiguo refrán: «más vale encender una vela que maldecir la oscuridad».

La captura de Jesús

Judas es un traidor: quiere capturar a Jesús con armas y soldados, y lo traiciona con un beso.

Jesús está listo, pero los apóstoles, **escondidos** detrás de los árboles, empiezan a tener **miedo**. Jesús se queda solo, pero se enfrentará a su destino.

La negación de Pedro

Con el canto del gallo, Pedro, duro como la **piedra**, se deshace finalmente en lágrimas de arrepentimiento: ahora empieza a tener un **corazón tierno**.

Solo quien reconoce sus errores puede comenzar a te-ner piedad de todos los pecadores que encontrará en su camino.

Jesús y Pilatos

Jesús ha sido **encadenado** por los hombres, pero tiene el **corazón libre**. Pilatos es **libre**, según los hombres, pero su corazón está **encadenado** por el poder.

La Pasión

Jesús lleva sobre los hombros el peso de la cruz y camina: ¡es un verdadero rey! ¿Por qué? Está cubierto de un **manto rojo** y **coronado con espinas**, y en lugar de permanecer sentado, **camina**: señales de una realeza que no es de este mundo, sino celestial. ¡Jesús «reina por Dios»!

La Crucifixión

Jesús ha sido crucificado: el ladrón de la derecha **lo mira**, pero el otro, no. No es fácil contemplar a Jesús en la cruz, pero es importante, porque aunque esté débil y moribundo se puede confiar en Él.

Al pie de la cruz, María y Juan intentan mantenerse a su lado en este momento de gran dolor. En la soledad nace una solidaridad: todo parece terminar, pero en cambio todo vuelve a empezar.

La Resurrección

Jesús ha resucitado y todo vuelve a ser como al principio: el ambiente que se respira es el de un **jardín de paz**. Magdalena ya no llora, pero se **inclina** ante Jesucristo, que ha vencido a la muerte.

La cena en Emaús

Jesucristo ha resucitado y, sin que lo reconozcan, se presenta ante los discípulos que escapan de Jerusalén. Escucha sus preguntas a lo largo del **camino**. Él siempre está vestido con **luz**, siempre recubierto de amor; lo reconocerán gracias a un gesto amor, al partir el pan.

La Ascensión

Habrás notado que la **luz** del Padre celestial que había iluminado a María de Nazaret es la misma luz que ha acompañado a Jesús durante su vida, incluso en la oscuridad: ahora Jesucristo está listo para regresar al cielo.

Esta **luz** que has visto «desde la creación del mundo» es un regalo para ti, para todos. Ese niño que dio el pan y los peces a Jesús y que lo ha seguido hasta Jerusalén, reaparece aquí, listo para volver a salir en busca de nuevas aventuras: ahora tiene una historia que contar.

Regala estos colores y estas palabras a aquellos que se dejen guiar por la **luz**.

Lectores desde pequeños, mejores adultos

Queridos padres,

Los libros no son simplemente objetos para leer y hojear, sino mucho más: también son compañeros de juegos extremadamente importantes para el desarrollo de vuestros hijos e hijas. Siguiendo nuestras sugerencias, podréis descubrir cómo usarlos mejor, para cultivar y compartir con ellos el placer inestimable de la lectura.

— Leed a menudo para los más pequeños. Esto os permitirá crear vínculos afectivos íntimos e intensos, estimular su imaginación y su pensamiento lógico, desarrollar su capacidad de expresarse correctamente, con un vocabulario más rico;

— comentad los episodios de la Biblia junto con ellos, observando las imágenes y explicándoles el significado de los símbolos principales. Utilizad para ello todas las indicaciones que se recopilan en la explicación que aparece al final del volumen;

— leed los libros en voz alta, expresivamente (sin exagerar), midiendo bien las palabras, pero aumentando el ritmo si la historia o las imágenes lo requieren, porque escuchar la voz de un narrador prepara y motiva a la lectura individual;

— dejad que los niños y niñas abran y cierren sus libros cuando lo deseen;

— dejad que observen las imágenes ellos solos;

— dejad que repitan en voz alta las frases que han aprendido de memoria;

— cread un espacio donde los más pequeños puedan acceder libremente a sus libros;

— haced que jueguen con los libros y tratad de inventar juegos para y con ellos a partir de los relatos que habéis leído, y dejad también que reinventen la historia o cambien el final;

— saltad o leed rápidamente las partes que consideréis inapropiadas.

Recordad que las edades recomendadas para la lectura de los libros infnatiles son siempre indicativas, porque en buena parte depende de la experiencia de cada uno.